Do Ocidente
à modernidade
intelectuais e mudança social

DO AUTOR

Criatividade social, subjetividade coletiva e a modernidade brasileira contemporânea. Rio de Janeiro: Contra Capa, 1999.
Sociologia e modernidade. Para entender a sociedade contemporânea. Rio de Janeiro: Civilização Brasileira, 1999, 2ª edição: 2001.
A sociologia de Talcott Parsons. Niterói: EdUFF, 2001.
Teorias sociológicas no século XX. Rio de Janeiro: Civilização Brasileira: 2001.
Interpretando a modernidade. Imaginário e instituições. Rio de Janeiro: Editora FGV, 2002.

EM INGLÊS:

Sociological Theory and Collective Subjectivity. Londres e Basingstoke: Macmillan Press e Nova Iorque: Saint Martin's Press, 1995.
Social Creativity: Collective Subjectivity and Contemporary Modernity. Londres e Basingstoke: Macmillan Press e Nova Iorque: Saint Martin's Press, 2000.

COMO ORGANIZADOR:

Modernidade e teoria social no Brasil (com Leonardo Avritzer). Belo Horizonte: Editora UFMG, 2000.

José Maurício Domingues

Do Ocidente
à modernidade
intelectuais e mudança social

Civilização Brasileira

Rio de Janeiro
2003

COPYRIGHT © José Maurício Domingues, 2003

CAPA
Evelyn Grumach

PROJETO GRÁFICO
Evelyn Grumach e João de Souza Leite

CIP-BRASIL. CATALOGAÇÃO-NA-FONTE
SINDICATO NACIONAL DOS EDITORES DE LIVROS, RJ

D716d
    Domingos, José Maurício
    Do Ocidente à modernidade: intelectuais e mudança social / José Maurício Domingues. – Rio de Janeiro: Civilização Brasileira, 2003.

    ISBN 85-200-0591-8

    1. Civilização moderna. 2. Intelectuais. 3. Mudança social. I. Título.

03-0600
    CDD – 303.4
    CDU – 316.42

Todos os direitos reservados. Proibida a reprodução, armazenamento ou transmissão de partes deste livro, através de quaisquer meios, sem prévia autorização por escrito.

Direitos desta edição adquiridos pela
EDITORA CIVILIZAÇÃO BRASILEIRA
um selo da
DISTRIBUIDORA RECORD DE SERVIÇOS DE IMPRENSA S.A.
Rua Argentina 171 – 20921-380 – Rio de Janeiro, RJ – Tel.: 2585-2000

PEDIDOS PELO REEMBOLSO POSTAL
Caixa Postal 23.052 – Rio de Janeiro, RJ – 20922-970

Impresso no Brasil
2003

Sumário

INTRODUÇÃO 7

CAPÍTULO 1
A América. Intelectuais, interpretações e identidades 11

CAPÍTULO 2
Imaginário social e esfera pública no Rio de Janeiro dos anos 30 45

CAPÍTULO 3
A cidade: racionalização e liberdade em Max Weber 79

CAPÍTULO 4
Desencaixes, abstrações e identidades 113

CAPÍTULO 5
Criatividade e tendências mestras na teoria sociológica contemporânea 145

CAPÍTULO 6
Desenvolvimento, modernidade e subjetividade 177

CAPÍTULO 7
Amartya Sen, a liberdade e o desenvolvimento 199

CAPÍTULO 8
Modernidade global e análise civilizacional 231

REFERÊNCIAS 263

Introdução

Reúno neste livro alguns artigos selecionados dentre aqueles que escrevi ao longo dos últimos dez anos. Todos são resultados consolidados de reflexões sobre temas que dizem respeito à sociedade contemporânea ou a temas gerais da produção e a impasses intelectuais contemporâneos, em particular no que se refere à sociedade brasileira. Os intelectuais e os movimentos de pensamento, especialmente com relação à política, ocupam aí lugar de destaque. Isso ocorre por vezes porque reviso algumas contribuições importantes na área de sociologia, mas também em virtude de ser o engajamento social e político característico de muitos intelectuais, a despeito das reivindicações "positivistas" de construção de uma ciência social "livre de valores", para não falar de seu apartamento da práxis social mais ampla. Ademais, embora não vá argumentá-la em detalhe em nenhuma passagem deste livro, é minha perspectiva aquela que afirma a importância da relação entre teoria e prática, conquanto a contemplação não deva ser necessariamente descartada como ilegítima, nem o conhecimento mais descompromissado percebido como secundário.

Os artigos aqui reunidos visam contribuir para o enfrentamento de três temas-chave para o pensamento contemporâneo, sobretudo em nosso recorte nacional. Primeiramente, busca-se inserir o Brasil na dimensão da América de colonização ibérica, o que se projeta em particular no texto de abertura, creio que em certa medida pioneiro neste tipo de esforço entre nós. Apesar dos avanços nos últimos tempos, permanecem enormes dificuldades para lidarmos com essas questões e, nesse sentido, sua validade se afirma por si mesma. Em segundo lugar, vale observar que o estudo do Brasil e o desenvolvimento da teoria social ainda apresentam dificuldades de comunicação. Voltados todos para o desenvolvimento da teoria social, vários textos aqui reunidos se debruçam diretamente sobre o Brasil e assim contribuem, quero crer, para superar essa dicotomização, sem que se caia apenas em uma discutível teoria do Brasil pensada de forma ensimesmada. Assim, o eixo se desloca da discussão sobre o "Ocidente" e a "ocidentalização" do Brasil e dos países seus vizinhos — tema caro a uma parcela significativa do "pensamento social brasileiro" — para uma abordagem calcada teoricamente da modernidade brasileira, uma faceta da modernidade global plural que se urdiu no planeta ao longo dos últimos séculos, questão que se delineia de forma mais decisiva no último capítulo do livro. Por outro lado, em um registro mais diretamente político, o significado de um projeto nacional é discutido com o objetivo de questionar certos dogmas e atrasos que pesam sobremaneira no horizonte intelectual e político da esquerda brasileira hoje — recusando ao mesmo tempo a diluição da questão nas diversas versões do projeto neoliberal. Enfim, o tema da criatividade e da abertura do horizonte histórico — que tratei de forma mais pormenorizada em outros de meus livros —, em uma situação que, creio, não pode ser senão pós-marxista (conquanto não necessariamente pós-socialista, mas decididamente comprometida com a democracia), comparece às páginas deste volume.

Deve-se ter em mente, além disso, que todos os artigos aqui coligidos possuem laços estreitos com meus outros livros e desfrutam posição de destaque dentro de meu programa mais geral de pesquisa em torno da teoria da subjetividade coletiva e da modernidade contemporânea. Vários deles serviram de material mais empiricamente orientado de reflexão com o qual os instrumentos conceituais plasmados nos quadros da teoria puderam ser mais elaborados e testados, e portanto atilados. Outros resultam da atenção que dediquei a certos temas — como o da criatividade — que aos poucos se puseram inapelavelmente no centro de minhas investigações.

Os textos que compõem este volume sofreram poucas modificações em relação aos originais, que se encontram dispersos em periódicos nacionais e estrangeiros, bem como em livros, nem sempre de fácil acesso. Sofreram apenas revisões menores para serem aqui publicados. Sendo fruto de vários anos e conjunturas diversas de trabalho e pesquisa, eles devem sobremaneira a muitos colegas, alunos e amigos. Seria inútil tentar mapear todas essas dívidas nesta introdução. Agradeço assim a todos a contribuição para esse resultado, no qual espero possam reconhecer-se ainda que em parte, uma vez que a produção intelectual é com freqüência sistematizada individualmente por autores específicos, como no caso deste livro, e levada a cabo na solidão das salas de trabalho. Ela é sempre, contudo, uma empreitada coletiva, como todas as atividades humanas, em maior ou menor grau.

CAPÍTULO 1   A América. Intelectuais,
  interpretações e identidades[1]

---

[1]Publicado em *Dados*, vol. 35, nº 2 (1992). Para reflexões correlatas, ver Domingues (1987), (1989) e (1995c). Tratei empiricamente dessa problemática em Domingues (1986) e (1988).

INTRODUÇÃO

Um dos temas mais discutidos ultimamente no Brasil e nos países de colonização espanhola tem sido o dos intelectuais. A questão das identidades nacionais na América e a da identidade continental têm recebido recorrente atenção, embora esta última apenas incipientemente se faça presente entre nós. O objetivo deste artigo é, pois, debruçar-se sobre essas duas temáticas, necessariamente articuladas. O porquê da expressão América sem adjetivação complementar, em reflexão que não se ocupa dos Estados Unidos, ficará claro no decorrer do texto.

Evitei referências que talvez ajudassem a esclarecer as questões teóricas aqui tratadas. O leitor, contudo, se tiver em mente os legados de Sarmiento, Rodó, Mariáthegui, Rui Barbosa, Villa-Lobos e tantos outros, não terá dificuldade de julgar a procedência (ou não) dos conceitos que desenvolverei a seguir. De qualquer forma, vez por outra serão estes intelectuais explicitamente mencionados.

IDENTIDADES E INTERPRETAÇÕES DO MUNDO

Com o fim do período colonial e o surgimento de nações independentes na América de colonização ibérica, um amplo leque de questões se colocou a esse continente, e em especial a seus intelectuais. Impunham-se, então, graves questões: quem éramos, que objetivos deveríamos nos propor? (Romero, 1976, p. 173) Durante os três primeiros séculos de nossa existência, a América foi pensada como projeção de suas metrópoles, tendo sua dinâmica a elas subordinada, embora em vários momentos, e progressivamente com maior ênfase, a problemática de nossa fisionomia própria tenha se esboçado.

Partindo de comparações, articulações e homologias entre personalidade e sociedade, Jürgen Habermas (1976, pp. 13ss) observa que as concepções que as sociedades elaboram sobre si mesmas apresentam caráter evolutivo, o que supõe que os mecanismos por meio dos quais interpretamos o mundo e definimos o *Eu* coletivo sejam cada vez mais racionais e reflexivos. O que a princípio seriam imagens do mundo fechadas cederia lugar a *interpretações* mais flexíveis e abertas à argumentação, com face mais abstrata e universalista. Se as identidades individuais demandam a referência a um *alter ego*, o oposto seria verdadeiro para as identidades coletivas.[2]

O plano em que Habermas articula sua argumentação é muito mais geral do que aquele em que pretendo me mover. Sua visão oferece as coordenadas em que se situa esta investi-

---

[2] Com a introdução do conceito de "mundo da vida", Habermas (1981a, p. 103) sugere outra direção quanto ao último ponto, em plano distinto, contudo.

gação que, ainda que teórica e abrangente em escopo temporal e espacial, mergulha em um recorte de características específicas e históricas ao qual a universalidade axiológica e cognitiva que despontou no Ocidente foi transferida a partir do próprio processo de colonização. Dada a forma como o tema é aqui tratado, este artigo constitui também uma contribuição à *teoria dos sistemas sociais*. Quero assim registrar a minha rejeição às premissas funcionalistas que informam o pensamento de Habermas, que considera que "núcleos normativos" forneceriam os valores fundamentais e instituições-chave, desprezando o papel central das relações e lutas que têm como resultado essas imagens ou interpretações do mundo e as identidades coletivas (no máximo, em terreno abstrato, relações e lutas atualizariam o potencial evolutivo do gênero). A meu ver, é como *resultado*, sempre provisório, *das relações e lutas entre as diversas subjetividades coletivas* que determinados padrões cognitivos, axiológicos e normativos, imagens ou interpretações do mundo e identidades se estabelecem enquanto *propriedades* de coletividades.[3] É precisamente isso o que ocorre nos planos nacional e internacional, bem como na delimitação daquelas coletividades em si mesmas. Daí ser crucial enfatizar que as identidades coletivas se constroem, também elas, com referência a *alter egos*, outros grupos e subjetividades coletivas; são dimensões de sistemas sociais os quais, por sua vez, se reproduzem em relação com outros sistemas de interação. Temos, portanto, uma densa rede de interações na qual se imbricam as identidades individuais e

---

[3] Por isso parece-me equivocada a idéia de que as identidades sociais não têm "existência real", como quer Lévi-Strauss (1983), pp. 11 e 332.

coletivas e às quais as interpretações do mundo buscam dar sentido. Evidentemente, identidades e interpretações resultam da colaboração, competição e hegemonia entre essas subjetividades (perspectiva presente nas obras de Weber e Gramsci).[4]

Isto posto, passemos à discussão do papel dos intelectuais na construção dessas identidades coletivas. De acordo com Renato Ortiz (1985, p. 139), os intelectuais são os "(...) agentes históricos que operam uma transformação simbólica da realidade, sintetizando-a como única e compreensível" no processo de construção das identidades sociais — no caso que interessa à sua discussão, a nacional brasileira —, e articulando, com isso, a *hegemonia* de determinados grupos sociais. Embora fecunda e original, a argumentação de Ortiz limita o escopo de sua validade por insistir, de modo exclusivo, no aspecto simbólico dessa operação. O esforço de conhecer a realidade tem sido um elemento básico da atividade dos intelectuais americanos.

Para entender melhor essa dupla operação, é interessante trazer à discussão a idéia de "dupla hermenêutica" elaborada por Anthony Giddens (1976, especialmente p. 79). Esse conceito aponta para o fato de que as ciências sociais se diferenciam das ciências da natureza não porque essas não dependam de molduras interpretativas, mas sim porque os resultados daquelas são correntemente apropriados por seu próprio ob-

---

[4] Apesar de corretamente enfatizarem o aspecto intersubjetivo das identidades, Izzo (1983) e Barbe (1983), a exemplo de Habermas, parecem não reconhecer a necessidade de *alter egos* também para o desenvolvimento da subjetividade coletiva. Luhmann (1990a), de acordo com sua ótica funcionalista radical, enfatiza a constituição interna de sentido (*Sinn*) na configuração das identidades, se bem que ciente da relação dos sistemas sociais com o meio, enquanto observadores que se observam observando.

jeto — a sociedade. Com isso, modifica-se o caráter do próprio conhecimento ao reentrar na vida social em geral, pois que a produção de significados e sua interpretação são inerentes às relações que os agentes sociais estabelecem entre si. Convém entender as representações, portanto, não apenas como interpretações da realidade, mas também como parte integrante dela. Temos, assim, na vida social genericamente considerada, representações elaboradas sobre representações tomadas pelos agentes como dados da realidade.

Essa noção de "dupla hermenêutica" deve ser incorporada para a compreensão das identidades coletivas, construídas pelos intelectuais com base tanto na análise da realidade quanto na vontade política de confecção de projetos de organização social. Obviamente, as proporções em que cada um desses elementos se faz presente são variáveis, mas é razoável formular a hipótese de que se o segundo pode se demonstrar bastante atenuado, ao menos passar por variadas mediações, a eficácia do primeiro depende de sua *plausibilidade*, plausibilidade esta com fundamentos na própria realidade, em termos de *possibilidade* e *probabilidade* (consulte Santos, 1988, pp. 11-5). Em contrapartida, é a própria atividade social em si que fornece elementos à reflexão desses intelectuais, absorvendo, geralmente de forma modificada, as imagens ou interpretações do mundo e as propostas de identidade por eles desenhadas.

As identidades não são, portanto, a reunião de atributos dados para todo o sempre. São realidades vivas, em permanente processo de elaboração, que se desdobra nas coordenadas dos processos cognitivos e de significação simbólica, nas definições axiológicas e normativas, tendo como pano de fundo as relações de poder entre grupos e atores coletivos. No caso da América, a busca de identidades tem sido fenômeno tão destacado quanto elas próprias. Nossa "americanidade", ou nossas nacionalidades, tem sido caracterizada, segundo os vários intelectuais e em diferentes momentos, pelas figuras do *criollo*, do *europeu*, do *negro*, do *hispânico*, da *mestiçagem cultural* (Ainsa, 1986, pp. 52-3; também Ortiz, 1988, p. 185). Se nosso objetivo vital tem sido marcar nossas diferenças com o mundo ocidental, a busca de interseções, já dadas ou por construir, com esse universo civilizatório é igualmente movimento recorrente em nossa história.

Pelas razões acima ordenadas, é mais do que justo e necessário que afastemos de nosso horizonte conceitual a concepção das identidades como essências, em contraste com o que faziam os isebianos — mesmo que, como Corbisier (1959, pp. 99-101), tentassem historicizar esse essencialismo — ou muitos filósofos argentinos e mexicanos, os quais, além de tudo, não distinguiam muito claramente os planos do "ser" e do "dever ser" (Roig, 1986, pp. 50 e 59). Como adverte Ortiz (1985, pp. 8-9 e 137), as identidades são sempre construídas a partir de seleções, as quais se articulam a interesses de determinados grupos sociais. Logo, não há por que falar de "autenticidade" das identidades ou de "verdadeiro ser" nacional. Ao contrário, como procurarei demonstrar, é em grande medida por se pretenderem essências sociais que as identidades se caracterizam como ideológicas. Essa ideologização ocorre, contudo, ainda por outra razão.

Tal como os agentes históricos, os intelectuais selecionam os elementos da constituição de seu saber, uma vez que uma história total os confrontaria com o caos (Lévi-Strauss, 1962,

p. 340). Todavia, em sociedades desigualmente divididas, as representações sociais são sempre selecionadas sob a influência dos grupos hegemônicos. Dar forma coerente e idealizada a essas representações é, pois, papel fundamental dos intelectuais (Lefebvre, 1979, p. 51). Com isso têm-se o nascimento e a reprodução de *imagens* ou *interpretações do mundo* e de *identidades coletivas* ideologizadas. Cabe lembrar, ainda, a distinção hegeliana entre representação (*Vorstellung*) e conceito (*Begriff*): a primeira categoria englobando as concepções dos atores leigos em sua vida diuturna e a segunda delimitando a produção dos intelectuais no exercício de suas funções especializadas (Kiessling, 1988, pp. 275 e 291). Levando-se em conta a distinção mencionada, podemos dizer que as ideologias são construídas a partir de conceitos que têm origem nas representações vistas com maior simpatia e como as mais adequadas pelos grupos dominantes, as quais são devolvidas periodicamente à sociedade, onde adquirem nova dinâmica.

Deve-se atentar ainda para o fato de que, ao falarmos de intelectuais, nos referimos, é claro, a indivíduos, os quais, em contrapartida, se organizam também coletivamente. Daí podermos falar do grupo isebiano brasileiro, da "geração de 37" argentina (à qual pertenciam Echeverria, Alberdi e, em parte, Sarmiento), do vasto círculo de economistas agrupados em torno da CEPAL (a Comissão Econômica para a América Latina), do difuso círculo modernista brasileiro que se aglutinou na Semana de 22, e de muitos outros coletivos de intelectuais. Eles constituem sistemas sociais em si mesmos, com fronteiras e identidades móveis, mais ou menos flexíveis, e teias de interação, nas quais revistas, obras particulares, instituições de ensino e pesquisa etc. cumprem papel decisivo. É por meio dessas interações internas que suas representações da realidade e suas propostas de identidade são elaboradas e retomam contato com o mundo social amplo, difundidas em linhas gerais de pensamento. Sem dúvida, projetos e planos de ação específicos podem daí resultar, bem como o papel de alguns intelectuais considerados individualmente pode ser destacado.[5]

Podemos pensar dois eixos básicos em torno dos quais se realizam as seleções que articulam as identidades nacionais e continentais nas sociedades americanas, eixos, aliás, que se interpenetram, conforme se visualiza na Figura 1:

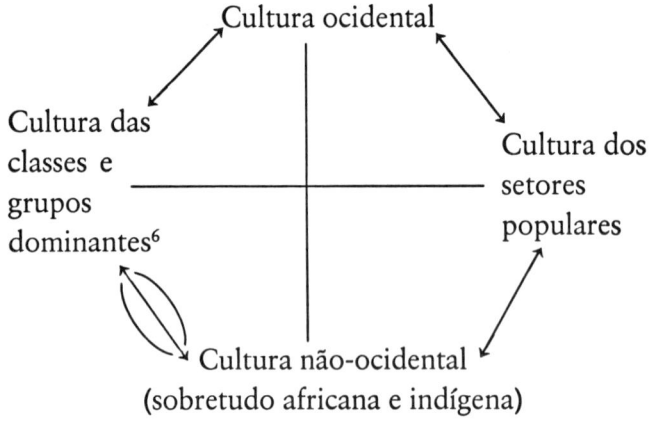

Figura 1

---

[5]Essa é uma intuição que perpassa toda a obra de Gramsci (1929-35), seja no que toca aos "intelectuais tradicionais", seja no que se refere aos "intelectuais orgânicos", mais diretamente associados às classes sociais.

[6]A distinção aqui estabelecida entre "cultura dos setores populares" e "cultura das classes e grupos dominantes" é, obviamente, mais que esquemática. Não só se deveria ter em mente outros setores sociais, a começar pelas camadas médias, como a diversidade de "culturas" ocidentais, africanas, indígenas etc.

Os traços selecionados para a construção de identidades têm sua origem na combinação das duas categorias centrais com uma ou duas das categorias laterais, e na combinação, ou não, das categorias centrais entre si, o mesmo sendo verdadeiro em relação às categorias laterais. Os aspectos das diversas culturas populares do continente podem ser selecionados com ênfase maior ou menor em seus elementos originários do Ocidente ou naqueles com raízes nas tradições indígenas ou africanas, estas também transplantadas para as sociedades coloniais. Por seu turno, a seleção de traços da cultura das classes dominantes tende a acentuar o aspecto ocidental nas identidades que contam sobretudo com sua incorporação, embora outras tradições também se façam presentes. Além disso, é possível conceber a rejeição absoluta da cultura popular, o mesmo não sendo provável em relação à cultura das classes dominantes. É comum, ainda, a valorização de traços da cultura popular perdidos no passado ou como tal percebidos.

Aos eixos principais apresentados na Figura 1, deve-se acrescentar um outro:

Cultura ocidental internalizada

───────────────────────────────

Cultura ocidental não-internalizada

Figura 2

Quanto a esses dois novos elementos, é necessário ter em mente sua articulação com os eixos já analisados. Enquanto a cultura ocidental não-internalizada por definição não possui ligação, a não ser em termos de projeto, com nenhum grupo das sociedades americanas, a cultura ocidental internalizada encontra-se, na verdade, já incluída na Figura 1.

Resta acrescentar que os traços selecionados podem circular um tanto mais pelo mundo antes de aportar em nossas costas: é bastante comum, na construção de nossas identidades, a importação de "traços" oriundos de regiões não-ocidentais do globo, ainda que ocidentalizadas. Ademais, a cultura africana, com a emergência do movimento negro na América, tem sido encarada por certos núcleos de intelectuais como elemento importante a ser absorvido por nossas sociedades. De um plano geral, em mundo que mais e mais se unifica, observa-se o início de nossa participação no diálogo internacional de civilizações, ao menos em termos de certa abertura às diversas civilizações "orientais" — conquanto isso ocorra, ao menos por ora, via mediação do Ocidente, que ainda é nosso ponto de referência externo fundamental. Interpretamos o mundo — e a nós mesmos — sob sua luminosidade, e ao construirmos nossas identidades esse universo civilizatório se constitui em nosso principal *alter ego*.

Esses elementos todos podem ser elaborados a partir de duas perspectivas diferentes (não perdendo de vista que, em ambas, as representações são simultaneamente interpretação e aspecto da realidade). No primeiro caso, buscar-se-ia imputar à realidade aspectos seus de fato existentes. A seleção de traços basear-se-ia em dados concretos do real e as representações e conceitos que informam a construção de uma identidade seguiriam, por assim dizer, *atrás* da realidade. O segundo caso se define inversamente, pois que os conceitos seriam anteriores à realidade à qual pretendem aderir, moldando-a, embora a operação compreenda — em geral inconscientemente, em alguma medida — a imputação de realidade aos traços selecionados para a construção de uma identidade (excluindo-se aquelas seleções "orientais"). Isso não quer dizer que não se procure transformar esses conceitos em representações da vida social compartilhadas por atores leigos, aumentando-se assim, por meios indiretos, seu grau de plausibilidade (em termos de viabilidade de realização) em função de seu suporte social.

O pontilhado que marca a extensão da linha central do diagrama deixa claro que as duas extremidades são tão-somente casos de remota ocorrência, pois que, concretamente, é em algum ponto a meio caminho que se encontra a maior parte dos traços selecionados como elementos para a elaboração intelectual das identidades coletivas na América (e, provavelmente, nas sociedades humanas de modo geral).

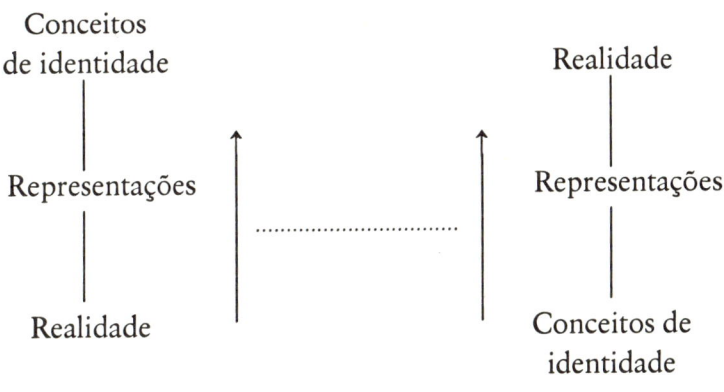

Figura 3

ORIGINALIDADE HISTÓRICA E IDENTIDADE AMERICANA

A idéia de uma identidade americana capaz de abarcar todos os países de colonização ibérica, para além de suas respectivas identidades nacionais, é difundida de modo bastante desigual pelas diversas camadas dessas sociedades. É apenas muito lentamente que esses países se descobrem, e, ao nível da consciência geral, somente agora estaria a América "começando de verdade" (Retamar, 1979, p. 339). Todavia, processos de intercâmbio cultural e integração econômica têm sido implementados, ainda que sem a amplitude e a profundidade que se poderia desejar. Em compensação, no que diz respeito aos intelectuais, a idéia de América é muito mais sedimentada, se bem que se assente antes em uma vontade de construção dessa identidade — em multiformes versões — do que na reelaboração das representações que povoam o mundo cotidiano do continente.

No caso brasileiro, ou seja, no que toca à relação do Brasil com os outros países do continente, esse tecido é ainda mais esgarçado. De modo quase universal, a postura de nossos intelectuais não tem ultrapassado o retraimento do poeta que, cheio de desejo, arriscava apenas "tímida conversa de amor" (Andrade, 1943-45, p. 126). Certamente, alguns intelectuais e mesmo grupos institucionais, sobretudo as bases cepalinas no Brasil, têm atentado para a problemática de nossa integração no continente, mas o fazem ou de forma limitada, ou sem maiores repercussões. Já os intelectuais dos países de colonização espanhola têm dedicado muito mais atenção ao tema. Nesse sentido, as reflexões aqui expostas devem ser entendidas como uma contribuição à abertura de um horizonte brasileiro que inclua a América como questão importante em seu firmamento.

Iniciemos por perguntar em que medida essa realidade continental nos oferece elementos que tornem legítimas as interpretações gerais do continente e que, além disso, forneçam plausibilidade razoável (nos termos definidos no início desse artigo) à construção de uma identidade americana. José Aricó (1987, pp. 419-20) oferece ponderações balanceadas e iluminadoras acerca de nossa indagação. Em primeiro lugar, descarta ele a falácia de uma tipologia dessa totalidade americana que dilua as diferenças entre as diversas sociedades nacionais. Concomitantemente, procura investigar qual o substrato comum a esse heterogêneo recorte. Entre os fenômenos que se somam para estabelecer uma "matriz única", porém contraditória, Aricó aponta o caráter da colonização européia e as guerras de independência que concluíram esse período, legando a esses países estruturas coloniais não inteiramente superadas. Adiciona a isso a dependência do continente diante dos países capitalistas e o desenvolvimento de lutas populares visando à reconquista de um espaço nacional e continental de independência efetiva. Finalmente, Aricó destaca o papel fundamental dos intelectuais enquanto organizadores de uma problemática ideológica e cultural comum.

Dito isto, gostaria de rejeitar a utilização da expressão América Latina, tão disseminada nas representações leigas do continente e nos conceitos de muitos intelectuais. Richard Morse (1982, em especial p. 8) apontou com propriedade para o fato de que o conceito de América Latina — difundido a partir dos movimentos da política externa de Napoleão III, que chegaria à invasão do México — obscurece toda uma nuançada, porém profunda, diversidade de núcleos civilizatórios. Ter-se-ia, assim, bloqueada a distinção das culturas italiana, francesa e ibérica, esta última, segundo Morse, definida por uma epistemologia holista e uma visão política organicista, elementos que forneceriam a base de nossa civilização ibero-americana. Sem deixar de reconhecer a profunda importância da contribuição ibérica em nossa formação histórica, cumpre, no entanto, rejeitar qualquer fixação exclusivista e, no limite, essencialista nessa componente, erro no qual Morse parece incorrer.[7] Uma análise do já clássico *Calibán*, do cubano Roberto Fernandez Retamar (1971), esclarecerá a questão, dando-me a oportunidade de firmar meu ponto de vista.

Fazendo uso de idéias sugeridas por interpretações mais ou menos recentes de *A tempestade*, de Shakespeare, Retamar almeja simultaneamente duas realizações: contradizer aquilo que comporia algo como uma corrente antiamericana e valorizar uma outra face de nossa cultura, esta libertadora, antiimperialista (no que os impulsos da Revolução Cubana são cristalinos). Sarmiento, Rodó, Borges e outros intelectuais se incluiriam na primeira categoria; Tupac Amaru, Martí e Villa-Lobos, entre outros, na segunda. A dicotomia é, obviamente, simplificadora ao extremo. Algumas intuições do ensaio de Retamar são, não obstante, valiosas. Interessa-me, sobretudo, sua utilização dos personagens shakespearianos, articulada polemicamente contra o influente *Ariel*, de Rodó. Nosso ver-

---

[7]Mais recentemente Morse (1990) matizou suas posições, introduzindo, a partir de uma leitura peculiar de Rousseau, a idéia de pluralismo cultural e político (que abre espaço para as idéias de "Afro" e "Indo-América").

dadeiro ser seria Caliban, o habitante selvagem dessas terras que, dominado por Próspero, o colonizador, com ele aprendera o idioma de que hoje dispõe para se expressar. Por meio dessa última colocação, Retamar simboliza o processo de absorção da cultura ocidental no continente americano e seu papel instrumental em nossas lutas de libertação. Em outras passagens, enfatiza que os caminhos que trilhamos em nossa formação emprestam à *mestiçagem cultural* o contorno de nossa fisionomia. A Ariel, personagem que, de acordo com sua caracterização, designa os intelectuais do continente, abrir-se-iam duas possibilidades: ou a subserviência a Próspero ou o compromisso com Caliban. Mas Retamar recusa a paralisia de nossa história no plano nacional ou continental, propondo a inclusão da América na história do planeta pela via da originalidade, especialmente pela absorção do socialismo, do qual Cuba constituiria o primeiro e criativo exemplo nesta região do globo.[8]

Dispomos agora de elementos para delinear uma visão de conjunto desse recorte civilizatório.

A América só adquire existência a partir do descobrimento e da conquista. Realidade original e originária, não preexiste nem na Europa, nem na África, ou sequer no espaço em que floresceram as sociedades pré-colombianas. Não há, portanto, anterioridade de Caliban em relação a Próspero, na medida exatamente em que o que nos caracteriza é a fusão planetária de culturas — à qual vieram somar-se, do século XIX em

---

[8] A edição aqui citada inclui desdobramentos e uma reavaliação das mais sectárias invectivas do autor contra intelectuais que se opunham aos rumos tomados pela Revolução Cubana.

diante, certas influências orientais. Embutida nessas afirmações encontra-se a idéia de que o Ocidente é corretamente encarado como fenômeno interno, constitutivo de nossa personalidade. A princípio em sua vertente ibérica, e depois como resultado de uma contraditória dinâmica de ocidentalização que se relaciona com a inclusão do continente, de forma dependente, na dinâmica do mundo capitalista. Ou seja, o Ocidente nos afeta hoje de duas maneiras interligadas: como um movimento interno, em virtude de sua reiterada incorporação ao longo do processo histórico; e como influência exógena que se torna endógena, em proporções desiguais e de acordo com as preferências de cada período e as pressões que no decorrer deles se fazem sentir. Deriva-se dessas reflexões a referência à América sem o emprego de adjetivação que acentue um ou outro desses elementos.

A OCIDENTALIZAÇÃO IDEAL EM FACE DA OCIDENTALIZAÇÃO REAL

Nem sempre, contudo, o significado do Ocidente e dos elementos não-ocidentais de nossas sociedades — outra face da mesma moeda — foi compreendido com precisão. O mesmo se deu com a dinâmica da ocidentalização, comumente associada a um teleologismo que implicava a nossa transformação em Ocidente, de modo puro e simples, ao fim do processo. Isso quando não se assumia a nossa absoluta ocidentalidade como fenômeno primário e definitivo. De Machado de Assis (com seu *O alienista*, principalmente) a Roland Corbisier, e em inúmeras versões nos países de colonização hispânica, um conjunto de críticas a essa postura intelectual seria forjado.

Foi o isebiano Álvaro Vieira Pinto quem chegou às hipóteses mais consistentes sobre esse tema, embora seu aprisionamento na percepção do nacional como morada do "ser autêntico" tenha trazido limitações às suas proposições. Com referência à problemática marxista centrada na idéia de alienação, afirma ele não haverem sido consideradas todas as suas dimensões. Uma segunda alienação do trabalho verificar-se-ia em países dependentes, a qual seria compartilhada por toda a nação, estabelecendo-se como contradição dominante — ao contrário da alienação de primeiro grau derivada do próprio processo de trabalho (Vieira Pinto, 1960, vol. II, p. 203). No interesse da "metrópole", Vieira Pinto (1960, vol. I, p. 429; vol. II, pp. 391-2) vai encontrar os elementos causais que explicariam a perpetuação dessa alienação. Mas uma outra senda se abre em seu pensamento, levando a intuições promissoras, não por acaso sob a influência de Hegel.

Gyorg Lukács (1969, p. 539), referindo-se sobretudo a Hegel e a Marx, fez notar que "a relação entre universalidade (*Allgemeinheit*), particularidade (*Besonderheit*) e individualidade (*Einzelheit*) é naturalmente um problema que se encontra nas origens do pensamento", e cuja resposta é fundamental para a práxis da espécie.[9] E seria exatamente na confusão entre universalidade e particularidade que, segundo Vieira Pinto (1960, vol. II, p. 371), a "consciência colonial" se alienaria. Ao identificar o universal com o metropolitano, a "consciência marginal" perderia a possibilidade de ver a si própria como sujeito. Com isso, sua particular circunstância histórica ver-

---

[9] Habermas (1976, pp. 92 e 94) refere a questão da identidade precisamente a essas categorias. Ver ainda Gullar (1978), especialmente p. 79.

se-ia desqualificada diante da universalidade avassaladora das formas de consciência metropolitanas. O problema é que o nacionalismo que coloria fortemente o ISEB acabou por desviar Vieira Pinto do correto equacionamento do silogismo nessas condições históricas, uma vez que ele conclui que o *particular* é o *universa*l, e *a nação o universal concreto* (Vieira Pinto, 1960, vol. II, pp. 369 e 372). Sua concepção mostra-se, portanto, datada e estreita. Na próxima seção, procurarei situar a temática da "universalidade concreta" sob ângulo bastante distinto. Cabe lembrar, contudo, que a operação central do processo de alienação já nos surge bem conceituada na contribuição de Vieira Pinto, não obstante a limitação apontada e o fato de ele assumir o lado mais unilateralmente "materialista" da epistemologia marxiana, deduzindo toda a sua cadeia explicativa do conceito de alienação do trabalho.

As teses de Vieira Pinto sofreram uma cerrada bateria de críticas, dentro e fora do ISEB, e sua revisão profunda mostrou-se imprescindível. Antes de mais nada, é imperativo frisar que *não há nenhuma correlação entre alienação e inautenticidade*. Tal correlação só teria sentido caso se tomassem as identidades como elementos substanciais, o que já lhes foi negado páginas atrás. A questão do silogismo é, porém, extremamente relevante. Para precisar a questão e evitar mal-entendidos, empreenderei uma breve análise do conceito de ideologia, desde Marx e Engels, discussão que será complementada por uma abordagem tributária de Heidegger.

Embora os intelectuais alemães tenham abandonado, ao longo de suas obras, quase totalmente o termo "alienação", não fizeram o mesmo com o conceito. Em geral, a divisão do trabalho surge em seus escritos como responsável pela alienação, com os poderes dos indivíduos se metamorfoseando em entidades autônomas diante deles. E é também a divisão do trabalho que fornece os alicerces sobre os quais se erguem as ideologias, uma vez que um de seus primeiros desenvolvimentos dá origem à divisão do trabalho intelectual e manual, a qual, trazendo à existência os "ideólogos", permite à consciência dos formuladores de conceitos e teorias supor um corte radical entre ela mesma e a consciência social prática (Marx e Engels, 1945, pp. 27 e 31). Por outro lado, em diversas passagens Marx enfatiza a função das ideologias no ato de universalizar fenômenos históricos datados, legitimando assim uma dada realidade. Em *O capital*, por exemplo, ele mostra como a Economia Política Clássica tomou as relações de distribuição burguesas como naturais e que, embora alguns chegassem a concepções mais sofisticadas sobre as relações de distribuição, continuavam aferrando-se ao "caráter imutável das relações de produção", em seus moldes capitalistas, "o qual seria oriundo da natureza humana", independente de todo desenvolvimento histórico (Marx, 1894, pp. 1004-5).

É importante que se lembre, a essa altura, o sentido da "dupla hermenêutica": se apresento um conceito de ideologia limitado à elaboração dos intelectuais, que se tenha claro que esta se alimenta dos contextos cotidianos dos "mundos da vida" culturais e que estes, por seu turno, são permeados pelos produtos daquela elaboração.

Os mecanismos que presidem o evolver da metafísica ocidental apresentam pontos de contato direto com a produção das ideologias. A metafísica tende a relegar todo o histórico, o contingente, ao abandono, procedendo, em linguagem heideggeriana, à "entificação do ser" (Bornheim, 1983, pp. 26-

7). O mito da caverna seria a expressão desse modo de olhar: as idéias, a partir de Platão, são tomadas como a medida do real. Rompida a abóbada religiosa da Idade Média, a *razão* subjetiva se transmudaria progressivamente no filamento que iluminaria o mundo e forneceria o padrão de avaliação das relações entre os homens e destes com a natureza. (Bornheim, 1983, pp. 277 e 297).[10] Talvez, nesse caso específico, seja correto encarar a metafísica como forma ideológica, redutível aos conceitos acima alinhavados. Quero, porém, atribuir ao termo *metafísica*, para além desse fenômeno nuclear da história do pensamento ocidental, o sentido mais amplo de alienação do pensamento especializado diante das práticas sociais, rejeitando, outrossim, qualquer redução destas à transformação da natureza. Trata-se, portanto, de alienação "metafísica" quanto às atividades humanas genericamente concebidas.

Considerando essas proposições, poderíamos afirmar que o pensamento dos intelectuais americanos é duplamente alienado, ao menos na grande maioria dos casos. Alienado, primeiro, por seu caráter ideológico, por se apresentar como elemento essencial para a reprodução da dominação de certos grupos (classes, raças, gêneros etc.), para a defesa de seus interesses seccionais. Em outras palavras, por construir nossas identidades mascarando desigualdades e conflitos, assentando pautas cognitivas, axiológicas e normativas que concordam com os interesses dos setores dominantes. Mas alienado também, em segundo lugar, por não se fundar, em graus variados

---

[10] Nessas coordenadas, acredito que é clara a perspectiva de que as ideologias se opõem não à verdade científica, mas à historicidade e à incerteza da "errância" humana (Heidegger).

e em determinadas ocasiões em níveis extremos, nas representações geradas em solo americano, com o que se abraça uma espécie de metafísica derivada de uma absorção hipostasiada de idéias que emergem nos países do Ocidente. O mote sarmientino — "civilização ou barbárie" — é expressão radical dessa percepção.

É por esse prisma que vejo o tema da alienação na América: resultado da *universalização metafísica* (em geral em superposição à ideologização), acoplada à *subjetivação do real*, por parte da intelectualidade. Combinação produzida precisamente em virtude da peculiar posição dos intelectuais nos quadros da divisão do trabalho. Nesse processo, a concreticidade histórica americana se vê relegada, com intensidade variável, passando a ser julgada de acordo com *modelos do Ocidente*.

A noção de *platonismo* da *cidade das letras*, concebida por Angel Rama (1984, p. 37), ajuda a esclarecer esse delicado ponto, em particular no que tange à subjetivação do real que move nossos intelectuais. Esse autor nos fala da trajetória do grupo letrado que, do alvorecer da colonização até nossos dias, jamais teria abandonado seu "esforço de transculturação do continente a partir da lição européia". As bandeiras da evangelização e da educação sintetizariam aquela ambição. Essa "cidade das letras", via de regra radicada nos centros urbanos, teria sobrevivido à ruptura da ordem colonial e se mantido ativa no intuito de moldar a "cidade real" e o campo circundante a partir da perspectiva ocidentalizante. Impõe-se aí, portanto, um platonismo radical e ativo, o qual, a meu ver, deve ser separado das doutrinas filosóficas platônicas estrito senso; não só pela suma importância do neotomismo em nossa história colonial, mas igualmente pela permanência do fenômeno após a independência.

Rama sugere algumas explicações para esse platonismo, além da manifestação de uma espécie de "vontade de poder" nietzschiana-foucaultiana, não declarada porém expressa de modo persuasivo em seu texto. Entre elas, os interesses materiais desses letrados ou sua incorporação ao aparelho de poder (Rama, 1984, pp. 156 e 227, respectivamente), hipóteses, acredito, corretas, apesar de se mostrarem incapazes de fazer justiça ao escopo do fenômeno em questão. Sobretudo a atribuição aos intelectuais de estreita articulação com os aparelhos de poder subestima grandemente os conflitos entre essas duas esferas — conflitos, vale notar, descritos em inúmeras passagens do ensaio de Rama. Derivo minha tese mais diretamente da análise anteriormente realizada sobre os nexos entre ideologia, divisão do trabalho e metafísica. Afinal, é a divisão do trabalho, a especialização dos intelectuais, que os leva a tomar o pensamento — mais precisamente os *conceitos*, não as representações — como seu ponto de partida. Daí seu platonismo. Da subjetivação a ele associada brota a motivação que os incita à ação, em particular quando têm pela frente um ambiente a princípio bastante maleável, conquanto essa plasticidade se reduza progressivamente com o amadurecimento das sociedades nacionais e o estabelecimento de elites especializadas na coordenação dos aparelhos estatais.

Desse modo, por tradição histórica e formação cultural, por sincera admiração e ânsia de modernização, a intelectualidade americana tem se nutrido, em grande medida — ou até exclusivamente —, da cultura ocidental. A desarticulação dessas sociedades nacionais, por outro lado, ajuda a explicar o por quê da prevalência dessa idolatria e a conseqüente fixação em conceitos deslocados das representações produzidas em nossas paragens, com traços de subordinação psicológica entrelaçados com esse complexo de fenômenos[11] que, ainda hoje, assombra os meios intelectuais.

Isto posto, ficam claras as diferenças que nos separam, nesse plano, do que convencionalmente se costuma subsumir sob o impreciso signo de "Oriente". Essas tão diversas regiões do mundo compartilham o fato de possuírem histórias, vivas hoje, anteriores à expansão ocidental e, em decorrência disso, a certeza de não serem parte dessa civilização. São capazes, assim, de distinguir-se claramente do Ocidente e visualizar o que implica sua ocidentalização, sempre parcial. Entre nós, de acordo com o que venho procurando assinalar, dá-se exatamente o inverso, na medida em que não conseguimos nos distanciar do próprio processo. Na América, apenas os países em cujas áreas se ergueram os impérios pré-colombianos poderiam aproximar-se dessa situação, mas o processo de conquista e a evolução histórica posterior tenderam a subordinar essa memória à dinâmica das sociedades nacionais em ocidentalização. O Peru — não por acaso sendo o país de origem de Mariáthegui —, dada a falta de integração nacional, parece desafiar esse padrão. Em compensação, paga o preço da paralisia e da fragmentação.

---

[11] Os autores isebianos estiveram em geral atentos a essa problemática, tanto em termos de suas conseqüências iniciais quanto em relação à sua paulatina superação, eixo a ser explorado no próximo item. Para uma síntese dessa posição, apesar de estreita compreensão de seu pano de fundo, consulte Toledo (1977), Parte I.

O resultado é que à ocidentalização real os intelectuais americanos têm contraposto uma ocidentalização idealizada. Com diferenças de pensador para pensador e de época para época, esta tem sido visualizada de modo consciente ou inconsciente, como efetivamente em curso ou simplesmente formulada como projeto, cabendo à realidade específica do continente sinal parcial ou inteiramente negativo. Com isso não se quer dizer que esses intelectuais não tenham sido capazes de traduzir seu pensamento em ação prática. Muito pelo contrário, não só influenciaram as representações do real como, direta ou indiretamente, dobraram a realidade aos projetos que de sua imaginação nasceram. No entanto, ao encontrar sua concretização histórica, esses projetos já não tinham como resguardar sua pureza, radicalmente transformados ao se imbricarem com os elementos não-ocidentais e com a ocidentalização real, transformada na prática a sua metafísica em graus variados, como conseqüência da "dupla hermenêutica" mencionada ou pelo choque de suas visões ideais com o processo histórico efetivo.

Progressivamente, a evolução histórica do continente tem contribuído para assentar o tema da alienação em bases um tanto modificadas, sem alterar, contudo, os elementos descritos nos parágrafos anteriores. Como essa modificação se caracteriza é o que importa investigar a seguir.

Alejo Carpentier (1961, p. 35), aludindo a Simon Rodriguez, mestre de Bolívar, afirmou que, quando aquele dizia que *tínhamos* de ser originais, queria dizer que não precisávamos fazer nenhum esforço para *sermos* originais, pois que *já o éramos* antes de nos colocarmos tal meta. Até aí, tudo certo. Entretanto, o reconhecimento dessa originalidade —

e, ademais, o desejo de valorizá-la — tornava Rodriguez figura singular em sua época, pelo menos quanto à intensidade de sua inclinação. Os quase dois séculos que se seguiram foram acompanhados por modificações decisivas nessa relação com nossa originalidade. E sob dois ângulos: um, cognitivo; o outro, axiológico. Com isso, voltamos à discussão da *concreticidade americana*.

Leopoldo Zéa (1976, pp. 8-63), autor que desenvolveu uma teoria da alienação semelhante à isebiana, tratou a questão também com pressupostos hegelianos — com a influência óbvia do curioso clássico de José Vasconcelos, *La raza cósmica* (1948). Ressalta em seu tratamento o tema da *universalidade concreta*. Segundo ele, após uma fase "romântica" e outra "positivista", em que os intelectuais procuraram tão-somente justapor modelos ocidentais à nossa realidade, transformando-nos em meras cópias, alcançamos, enfim, uma terceira etapa, na qual procuramos potencializar a própria realidade do continente. Assumir nosso passado tornou-se, então, requisito para podermos superá-lo dialeticamente. Mas, exatamente por viver sua história à margem do que seria a corrente principal da história humana — a história do Ocidente —, o homem americano foi levado a procurar as suas características particulares. E, ao assumir sua particularidade, chegou ao universal humano — e Zéa alerta para o equívoco de estacionarmos a reflexão no particular —, conseguindo deixar para trás a alienação. Atingia-se, assim, o *universal concreto* (Zéa, 1976, pp. 49 e 432-3). No mesmo movimento, esse filósofo reivindica a abertura à influência ocidental, cujas realizações se constituem em patrimônio da humanidade como um todo (Zéa, 1978, p. 51).

A teorização em foco é passível de várias críticas, em particular por seu formato hegeliano-teleológico e uma predileção kantiana por um tipo de conceituação que releva a evolução histórica em sua empiria, capturando somente o que seria sua linha central. Mas, aqui, mais importante do que levantar esses pontos é ressaltar a felicidade com que Zéa estabelece sua *problemática* e desenvolve seus *conceitos*.

Como notei ainda há pouco, o concreto sempre esteve na mira de nossos intelectuais, que apenas de modo paulatino se mostraram capazes de compreendê-lo mais profundamente e valorizá-lo como fonte de traços fundamental para a construção de nossas identidades. Por outro lado, conforme afirmei, essa terceira etapa não vê desaparecerem completamente os mecanismos que propulsionam a reiteração da "ocidentalização ideal", os quais permanecem, por vezes sutilmente, presentes em nossas teorias e conceitos.

Ao fazer uso dos modelos de interpretação expostos na terceira seção deste artigo, ou seja, ao se levar em consideração os eixos de seleção utilizados para a construção de identidades, não podemos ignorar essa componente histórica. De um lado, ressalta a progressiva importância do *concreto*; de outro, permanece em torno daqueles eixos uma espécie de perene idealização do Ocidente. Resta perguntar a que atribuir essa constante, ainda que incompleta, tendência a uma mais racional interpretação da América e de seu lugar no mundo, e à construção de identidades em que nossos traços particulares, não-ocidentais ou ocidentais já incorporados em nossa trajetória passada, são valorizados.

A articulação progressiva das sociedades nacionais americanas parece responder, em seus diversos planos, a essa pergunta. Os isebianos falavam da emergência de uma "consciência crítica", contraposta à "consciência colonizada", como conseqüência do desenvolvimento econômico e da maior solidez das estruturas nacionais.[12] É nesse sentido que procedem, por exemplo, os comentários de Octavio Paz sobre a Revolução Mexicana, apesar de eles deverem demais a uma filosofia essencialista do mexicano. A fertilidade do processo revolucionário mexicano fundou-se em sua capacidade de mergulhar na alma desse povo (Paz, 1950, pp. 130-1).[13] Trata-se da emergência da nação, fenômeno tão importante para o ISEB, a qual daria novas balizas representacionais aos processos de conceituação dos intelectuais. Não deixa de ser curioso observar certas tendências por vezes paralelas a esse processo, como a idealização de nossa africanidade ou indianidade.

Problema particular é trazido pelas modernas ciências sociais. Há cerca de trinta anos, uma ácida polêmica foi travada tendo como principais protagonistas Florestan Fernandes (1958, sobretudo pp. 51-68) e Guerreiro Ramos (1965), ambos marcados por forte tendência ao empiricismo. Enquanto o primeiro, não obstante o exagero, corretamente enfatizava a necessidade de critérios universais e avançados para o padrão de trabalho na sociologia científica e articulava sua

---

[12] Ver mais uma vez, a despeito dos problemas já apontados, Toledo (1977).
[13] Sem dúvida, pode-se sugerir a hipótese, acredito que correta, de certa inadequação também das *representações* dos agentes sociais, em sentido geral, diante da realidade do continente. Todavia, esta inadequação não só parece ser decrescente, pelos motivos mencionados em relação aos intelectuais, como também sua extensão, dado o seu não descolamento das práticas sociais, seria mais limitada. De todo modo, não há por que pensar em autarquia das representações e conceitos em qualquer sociedade.

emergência à racionalização geral da sociedade brasileira, o segundo, isebiano, era especialmente suscetível ao tema da alienação. Ramos apontava, precisamente, para a necessidade de "redução", via procedimentos indutivos, do aparato científico produzido nos centros estrangeiros, adaptando-o ao contexto nacional "subdesenvolvido".

A última palavra cabe aqui a Gino Germani (1964, principalmente pp. 4-5 e 136). Se este autor subestima o tema da alienação, aproxima-se do critério de articulação nacional para a maturidade científica, propondo a sedimentação de uma tradição de pesquisa para superar a dependência nesse campo. Segundo ele, com isso a necessidade de verificação da universalidade de teorias — e sua adequação — em face das realidades concretas da América conquistaria mais vasto território.

A continuidade de uma concepção que percebe nossa especificidade como uma *defasagem* em relação aos países do capitalismo central — compreendida a noção como inerente ao processo histórico e não como balizada por projetos sociais determinados, elaborados por grupos sociais e coletividades — promete, todavia, a perenidade da idealização do Ocidente, nos diversos ângulos e esferas em que essa operação pode ter lugar. No terreno científico, vale notar, a acumulação necessária à cristalização de uma comunidade de pesquisadores não é, por si só, capaz de levar à superação da ocidentalização idealizada, reproduzida através dos mecanismos analisados na seção anterior.

A questão presente do racismo se inscreve nessas coordenadas. Se era ele explícito em elaborações que privilegiam somente as culturas e "raças" ocidentais, hoje ainda se reproduz por vezes sob uma idéia de fusão racial e cultural na qual as culturas e raças não-ocidentais, sobretudo as afro-americanas, recebem lugar axiologicamente subordinado, para além da identificação da ocidentalização, constitutiva e em curso, do continente. Ou quando idéias como a de "democracia racial" mascaram as desigualdades raciais que atravessam essas sociedades. Isso não desqualifica, ao contrário, as questões discutidas neste artigo, pois que se trata de dar à "universalidade concreta" uma efetividade que supere, em todos os níveis, visões do mundo e práticas sociais excludentes.

CONCLUSÃO

No início deste artigo introduzi a idéia de que interpretações de mundo e identidades se articulam no curso de processos de interação entre sistemas sociais. No caso da América, deve-se primeiramente levar em conta as próprias unidades nacionais em sua autonomia e, a partir daí, pensar sua possível integração progressiva. Contudo, caso se aceite, ao menos parcialmente, as reflexões aqui expostas, parece-me evidente que a forma como interpretamos nossas identidades passa por nossas relações com o mundo em sua diversidade, e muito especialmente o Ocidente — inclusive em termos práticos, tema que não caberia aqui discutir. O evolver histórico desse processo tem tornado cada vez mais clara, por amadurecimento interno sobretudo, nossa particular inserção no sistema internacional e nossa especificidade civilizatória, sem que, no entanto, aquela idealização desapareça por completo.

Com isso se concretiza a crítica endereçada às concepções de Habermas no início deste artigo, conquanto suas categorias — interpretações e identidades — tenham fornecido a moldura teórica de minhas proposições. O aspecto relacional dos sistemas sociais, para cuja reflexibilidade os intelectuais contribuem decisivamente, encontra expressão em nosso recorte americano. A partir daí, os conceitos de seleção de traços, de alienação, de universalidade, particularidade e singularidade, bem como os temas do "platonismo" e da articulação das sociedades nacionais, traçam os eixos categoriais por meio dos quais as interpretações de mundo e as identidades da América foram aqui traduzidas.

Finalmente, ao concluir, que se observe que trazer à baila a idéia de América e sua possível identidade apresenta caráter eminentemente político. Não se trata de perseguir um bolivarianismo que nos pretenderia grande nação dividida por equívocos e interesses escusos, nem de cultivar um nacionalismo ao estilo da década de 1950, em molde pan-americanista. A heterogeneidade de situações no continente, como atesta a acelerada incorporação do México à economia norte-americana, põe de lado soluções simplistas. Até porque uma idéia de dialética mais matizada, na qual se reserva espaço para a permanência de diferenças na construção das identidades (cf. Bodei, 1985), parece mais apropriada à sensibilidade contemporânea. Em contrapartida, em um mundo que se organiza em blocos (a começar pela integração européia) e no qual somos relegados à periferia, não se justifica que fechemos os olhos às potencialidades de nossas relações americanas. As características que compartilhamos com os demais países do continente não dependem dessas potencialidades. Podem servir de substrato, contudo, para a construção de uma América mais integrada e capaz de caminhar por caminhos criativos e autônomos — e, espera-se, mais democráticos e justos socialmente —, sem prescindir de relações enriquecedoras com o mundo e suas variadas culturas.

CAPÍTULO 2   Imaginário social e esfera pública
no Rio de Janeiro dos anos 30[1]

---

[1] As origens deste texto se localizam em pesquisa iniciada em 1987-88, no Departamento de História da PUC/RJ. As hipóteses que nele desenvolvo articulam-se, contudo, à minha elaboração ulterior do conceito de subjetividade coletiva e à investigação que realizei posteriormente sobre a memória e a criatividade sociais, e sobre a teoria da evolução e a modernidade. Os documentos primários utilizados, consultados no Centro de Pesquisa e Documentação da Fundação Getúlio Vargas (CPDOC/FGV/RJ) do Rio de Janeiro e na Federação das Indústrias do Rio de Janeiro (FIRJAN), são referenciados diretamente nas notas. Publicado em *Arché*, n.º 18 (1997).

INTRODUÇÃO

Nas diversas vertentes da bibliografia que trata do tema, o fato de que as burguesias industriais da América de colonização ibérica não se mostraram capazes de liderar suas sociedades no processo de modernização que se desenvolveu no século XX encontra-se bastante estabelecido. Várias razões têm sido apresentadas para isso: a muito próxima articulação dos industriais com as elites agrárias e seu liberalismo ortodoxo (Werneck Vianna, 1978); os problemas daí decorrentes, mais a dependência do mercado internacional e a sangria de recursos impostas pelas potências ocidentais (Fernandes, 1975); a falta de um projeto burguês claro e articulado, o que acarretou a emergência de elites populistas no momento da transição para a "sociedade de massas" (Germani, 1965). Mouzelis sintetizou em parte essas perspectivas ao sugerir que a explosão de participação popular no continente, antes de um avanço maior da industrialização, colocou problemas insuperáveis para essas burguesias, que tinham ademais o Estado como um competidor tradicional e poderoso na arena política (Mouzelis, 1987, parte I e p. 219).

Não se deve, ao contrário do que em geral ocorre com essas análises, com freqüência implícita ou explicitamente funcionalistas, exagerar o grau de coerência, vontade política e liderança das burguesias ocidentais. Ao contrário, raramente se dispuseram elas a liderar seus países e enfrentar os setores feudais e aristocráticos até então dominantes em suas sociedades (Mann, 1993, pp. 218-21 e 305ss). No marxismo, vê-se em geral um correlato direto entre capitalismo econômico e dominação burguesa no Estado; o funcionalismo aí é implícito — se bem que a idéia de "modernização conservadora" tenha vindo relativizar essa perspectiva, uma vez que grupos dirigentes não espelham necessariamente classes dominantes na economia. No funcionalismo-estrutural, mesclado com uma teoria das elites, visualizam-se "populistas" que aproveitariam o momento da passagem da "sociedade tradicional" para uma "sociedade moderna" e a anomia daí resultante para manipular as massas e empalmar o poder. Deve-se recusar, portanto, o funcionalismo que não raro atravessa as discussões sobre o "populismo" e as burguesias no continente. A teleologia que subjaz a essas perspectivas reifica as histórias e opções dos diversos setores das sociedades ocidentais, o que tem encontrado réplica também problemática em estudos que afirmam continuidades culturais das particularidades da América. Não se trata de negar, de modo geral, a possibilidade de *reconstruir* os processos da evolução social, identificar seus mecanismos básicos e estágios de desenvolvimento. Como veremos, contudo, a modernização da cidade do Rio de Janeiro, na forma como se deu, derivou dos projetos específicos e dos embates entre as diversas classes sociais, grupos de intelectuais e coletividades em geral. A relação entre as memórias da cidade, de seus diversos grupos, e a introdução criativa de novos elementos no imaginário carioca demonstra-se, assim, decisiva.²

No entanto, apesar de manifestarem por vezes forte identidade e mesmo organização neste continente, a incapacidade de liderança dessas burguesias de fato parece acentuada na América de colonização ibérica, assim como seu recurso reiterado a formas autoritárias de dominação política, embora se deva também levar em conta que o capitalismo e o industrialismo já se encontravam no horizonte de largos setores das elites agrárias, o que lhes facilitava afastar-se da luta política direta caso o desejassem. Quero considerar a questão aqui do ângulo do *mundo da vida* e da constituição da *esfera pública*. No Rio de Janeiro da década de 1930, a burguesia mostrou-se incapaz, nesse momento de transição, de nela se tornar hegemônica. A hipótese de que isso aconteceu em outros contextos americanos é, ademais, plausível. Mas, sem descurar da especificidade do continente, deve-se rever a idéia de que a América reproduz — mais uma vez imperfeitamente, com o fracasso de suas burguesias — a história do Ocidente. Talvez as dificuldades mais acentuadas enfrentadas por essas burguesias, derivadas em parte de sua imersão no mundo da vida e na esfera pública de origem agrário-oligárquica, hajam reproduzido simplesmente fenômenos de caráter mais universal.

O processo a ser aqui considerado é emoldurado pela Revolução de 30. Capital do país, o Rio de Janeiro constituía

---

²Outras análises críticas do funcionalismo discutiram a invenção de novas doutrinas e a articulação específica que o chamado "populismo" representou. Ver Laclau (1979) e Mclyn (1982).

um sistema social sob certos aspectos autocentrado — uma "sociedade", portanto: se, de um lado, sede do poder nacional, enxergava a si mesmo como um microcosmo da vida do país, de outro, uma série de questões era vista por sua população como exclusivamente atinentes à cidade, que detinha propriedades espaço-temporais bastante distintas, com uma dinâmica e ritmos próprios, que se desdobravam em função de movimentos internos.[3] Isso permite nos abstrairmos em certa medida do que se passava no restante do Brasil, embora recorrente e conclusivamente venhamos a ter que fazer referência a esses temas mais gerais.

Esta investigação tratará de dois temas principais. Primeiramente, da vida política da cidade, especialmente da formação e atuação do Partido Economista (PE) e do Partido Autonomista do Distrito Federal (PADF). O PE resultou do esforço de um setor expressivo da liderança burguesa e da classe como um todo, que buscou obter maior influência sobre a vida da cidade, nesse caso evidenciando claramente, se bem que dentro de certos limites, vontade política de construção de hegemonia; o PADF, liderado por seu líder "carismático", Pedro Ernesto, articulou a maior parte dos movimentos reformistas cariocas que emergiram na década de 1920, permanecendo distante daquele projeto burguês. Finalmente, realizarei uma análise das características particulares da esfera pública no Rio de Janeiro, de modo a entender as razões dessa divisão.

---

[3]Essas categorias foram desenvolvidas em Domingues (1995a), pp. 157-6, e (1995b).

OS PROJETOS EM DISPUTA

Organizados desde o final do século XIX, os empresários cariocas concentraram suas ações, a partir da virada do século, na disciplinarização da classe operária e em sua adaptação ao sistema capitalista, preocupados ao mesmo tempo com a defesa do liberalismo econômico, especialmente com referência ao mercado de trabalho (embora reivindicassem medidas protecionistas em face da concorrência industrial estrangeira). O Centro Industrial do Brasil (CIB) seria fundado em 1904, com sede no Rio de Janeiro. Entre 1916 e 1925, os industriais se mobilizariam para atingir representação no Congresso. Respondiam, basicamente, à acusação de serem os responsáveis pela carestia e à pressão do movimento operário. Sob a influência de Jorge Street, começaram ainda a antever a inevitabilidade de uma legislação social, atribuindo, em contrapartida, à taxação promovida pelos políticos a responsabilidade pela inflação. De modo geral, entretanto, sua postura era retraída no que toca à atividade política (ver Carvalho, 1983, cap. 4; Leme, 1978, p. 9; Gomes, 1979, p. 159).

Com o advento da Revolução de 30 (a qual, aliás, não apoiaram), os industriais perceberam um novo espaço se abrir, devido à crise que atravessava o país e à perspectiva de inexorável renovação da elite política. As colocações de Oliveira Passos, presidente da Federação das Indústrias do Rio de Janeiro (FIRJ, entidade que substituía o CIB, adequando-se à nova legislação associativa), traduziam a nova postura. Reconhecendo que, até então, a atenção da indústria e do comércio se havia centrado em suas "atividades especializadas", pretendia a congregação de "todos os esforços" "nesta hora histórica de reconstrução nacional".[4] É nesse quadro que, com o impulso da FIRJ e da Associação Comercial, o PE foi lançado, com a primeira entidade assumindo a tarefa de levar à frente esse projeto (Leme, 1978, pp. 27-8; Gomes, 1979, pp. 225ss; Conniff, 1981, pp. 38-9 e 198ss).

Fundado em novembro de 1932, o PE deveria ser um partido de expressão nacional, mas não se viabilizou nem em São Paulo, nem no Rio Grande do Sul. Pior ainda, os resultados eleitorais colhidos não foram nada animadores: o PE elegeu somente dois deputados à Assembléia Nacional Constituinte de 1933/34 — Henrique Dodsworth e Miguel de Oliveira Couto, políticos com base tradicional própria.

Acontece que os industriais, ao lado da afirmação do PE como agremiação eminentemente plural, buscaram incorporar intelectuais e quadros estabelecidos da política oligárquica do período anterior: ambos políticos ativos e ligados às oligarquias no período anterior a 1930, Gilberto Amado escreveu os estatutos e o programa do partido, e Mozart Lago assumiu a direção do PE e de seu jornal. Por outro lado, a base política, os militantes e boa parte dos candidatos do PE, bem como o generoso apoio financeiro recebido, tinham origem essencialmente no empresariado. Em 1933, em busca de novos caminhos, o PE se fundiria com o Partido Democrático do Distrito Federal, surgido na década de 1920 com branda inclinação reformista, elegendo com isso quatro parlamentares nas eleições nacionais de 1934 e, no mesmo ano, igual número de candidatos ao Conselho Municipal do Rio de Janeiro. O partido seria extinto pelo Estado Novo.

---

[4]*Relatório da FIRJ*, 1931-1934, vol. 2, p. 122.

É mister observar, contudo, que os diversos setores da burguesia já se acomodavam às câmaras de representação corporativas que se tornaram centrais sob o Estado Novo. Favorecendo um projeto de orientação liberal, os industriais eram cautelosos no que tocava a seus interesses mais imediatos, aceitando, na prática, compromisso com o corporativismo já nesse primeiro momento (cf. Diniz, 1978).

O liberalismo daria colorido ao programa do PE. Seus objetivos programáticos incluíam o voto obrigatório e o direito de voto da mulher, a reforma da legislação fiscal e, com abordagem bastante recuada da questão social, a disseminação da instrução, a proteção à invalidez e à velhice, às mulheres e às crianças, a criação de escolas profissionais pelo país e o atendimento às desamparadas populações rurais. O PE abria-se a questões de ordem geral, como o analfabetismo — "problema máximo de nossa nacionalidade", apoiando assim, nos primeiros meses de 1930, a campanha pela alfabetização e a "cruzada pela cultura do povo", promovidas pelo Rotary Club. Depois da revolução, os industriais aprovariam a criação da "taxa de educação e saúde" pelo governo provisório, a qual, regressiva e portanto pouco onerosa para eles, incidiria sobre todos os documentos sujeitos a selo. Além disso, embora duvidando de sua conveniência e sob a pressão das reclamações de seus pares, Passos reconheceria a pureza das intenções de Anísio Teixeira ao taxar os produtos do tabaco para arrecadar dinheiro para a educação pública.[5]

---

[5]*Relatório da FIRJ*, 1931-34, vol. 1, pp. 14 e 17; vol. 2, pp. 66, 135, 140 e 284.

Apesar de algumas concessões, a postura manifestada pela FIRJ revelava profunda ojeriza a impostos, imprescindíveis, na verdade, para viabilizar o programa do próprio PE; o corte de gastos públicos seria sua opção preferencial.[6] A intensa polêmica a respeito dos impostos sobre combustíveis, que opôs Pedro Ernesto às empresas estrangeiras e, finalmente, à opinião burguesa da cidade, sublinha essa questão (cf. Conniff, 1981, p. 144).

Na verdade, no entanto, a despeito dessa visão geral e inclusive da defesa da representação profissional, o PE mostrava-se cauteloso e até certo ponto hábil ao reivindicar apenas parcial liderança no processo de renovação da vida da cidade; sua própria existência era condicionada à inexistência de verdadeiros partidos no país. Segundo Passos, "em todos os países organizados, e desde muitos anos, sempre houve, ao lado de partidos com programas quase que exclusivamente políticos, outros com caráter mais acentuadamente econômico".[7]

O fato é que, malgrado seus esforços, os industriais não lograram aumentar sua influência na cidade. Como mais tarde observou Amaral Peixoto, o PE acabou por ver suas bases reduzidas aos bairros conservadores da Tijuca e Copacabana, e ao Centro (cf. Camargo *et al.*, 1986, p. 107). O partido manteve-se distante dos principais movimentos de renovação da vida carioca. Foi apenas no patriciado tradicional da cidade — nos "brilhantíssimos gilberto amados subordinados à orien-

---

[6]*Relatório da FIRJ*, 1928-31, vol. 1, p. 28; e 1931-34, vol. 1, p. 17, e vol. 2, p. 315.
[7]*Relatório da FIRJ*, 1931-34, vol. 2, pp. 135-6.

tação de coronelíssimos manés caroços" (Almeida, 1932, p. 45)[8] — que os empresários encontraram aliados e ressonância. Sobre aquelas correntes renovadoras, ao contrário, Pedro Ernesto e o PADF construiriam sua força.

Na década de 1910, o movimento operário carioca atingiu seu apogeu, liderado por anarquistas e reformistas "amarelos", cuja política é ainda hoje objeto de debate, não contando os socialistas com maior expressão. Em 1922, seria fundado o Partido Comunista do Brasil (PCB), o qual alicerçava no Rio boa parte de sua incipiente influência. Grande parcela das "classes baixas" achava-se, no entanto, desorganizada (Fausto, 1976; Gomes e Ferreira, 1987, p. 155; Chilcot, 1974, caps. 2-3; Conniff, 1981, p. 44). Mesmo assim, teve lugar o desenvolvimento de alianças entre sindicatos e políticos, resultando essas aproximações em um tipo de cessão de direitos que consubstanciava o que se pode chamar de "estadania" (Carvalho, 1987, p. 155). A partir de 1926, com o espocar da crise econômica e a multiplicação do número de greves, a instabilidade social aumentou. A década de 1920 viu ainda o despontar da consciência reformista das camadas médias, a emergência do feminismo e as agitações do tenentismo (Conniff, 1981, p. 155).

O movimento reformista que teve em Maurício de Lacerda e Azevedo Lima, entre outros, alguns pólos de aglutinação, respondia a essa efervescência. Esses políticos não chegaram a formar um partido e sua ideologia permaneceu nebulosa.

---

[8]Para a biografia dos personagens aqui mencionados, onde se evidencia sua articulação com as oligarquias da República Velha, consulte o *Dicionário histórico-biográfico, 1930-1980*, vols. 1-4.

Em sua maioria, vinham dos velhos subúrbios e da recente Zona Norte, onde cultivavam suas bases eleitorais, tendo que se defrontar com um sistema político municipal hierárquico e clientelista. Esse sistema era controlado pelo prefeito, nomeado pelo presidente da República, e pelos dois senadores eleitos pela cidade. Esse arranjo começou a ratear em 1926, com o crescimento acelerado do eleitorado, sua diversificação e o aumento da importância dos grupos de interesse (idem, pp. 64 e 74ss).

Pedro Ernesto assumiu a prefeitura do Distrito Federal em 1931, nomeado por Getúlio Vargas. Médico pernambucano, era um típico "tenente civil", chegando mesmo a presidir o órgão máximo do movimento tenentista, o Clube 3 de Outubro. O PADF seria fundado em 1933, com o objetivo de aproximar os tenentes das camadas médias reformistas. A eles vieram juntar-se Bertha Lutz, importante líder feminista na década de 1920, intelectuais como Olegário Mariano e Villa-Lobos, empresários como Pereira Carneiro, do *Jornal do Brasil*, e sindicalistas, que se mantiveram nas bases partidárias. Mas a essa aliança compareceram também expoentes do clientelismo carioca, entre quais o padre Olympio de Melo, popular nos subúrbios, se destacava (idem, pp. 99ss).

Vitorioso eleitoralmente em 1934, Pedro Ernesto daria continuidade ao programa reformista moderado iniciado em sua gestão como interventor, o qual, ao lado da reivindicação de autonomia para o Distrito Federal, era o ponto central da plataforma do PADF. Na área de saúde, somaria seis grandes hospitais e outras unidades ao sistema municipal; no campo educacional, contando com a colaboração de Anísio Teixeira, o "Plano Regulador", de orientação pragmatista e que sofreu cerrada oposição da Igreja Católica, projetou a incorporação de 77% da população em idade escolar ao sistema, a reformulação dos currículos e a criação do Instituto de Educação e da Universidade do Distrito Federal. O prefeito procurou, além disso, enfrentar problemas como a mendicância (idem, cap. 3).

A idéia de reforma urbana vitoriosa nesse momento implicava uma ruptura profunda com a República Velha. Proposto como uma continuação das reformas de Pereira Passos (pai, aliás, do presidente da FIRJ, Oliveira Passos), o Plano Agache, cuja formulação se iniciara no período anterior à Revolução de 30 mas concluíra-se apenas sob a interventoria de Pedro Ernesto, reorganizava o espaço de forma hierárquica e de acordo com critérios funcionais. Os grupos dominantes da República Velha buscavam com ele remodelar a cidade, adiantando-se, estrategicamente, à dinâmica de seu desenvolvimento futuro. O plano foi abandonado e suas preocupações tecnocráticas e excludentes foram substituídas pela idéia de reforma urbana enquanto resolução da questão social (Abreu, 1987, p. 86).

Para Amaral Peixoto, o PADF representou sobretudo o operariado, os pequenos comerciantes e o funcionalismo público (Camargo *et al.*, 1986, p. 107). Agregue-se a essa provavelmente acertada avaliação que o PADF se lançou à incorporação, ao menos simbólica nesse momento, de um setor a cada dia mais relevante no Rio de Janeiro, crescente em razão das migrações internas: os favelados. É nesse contexto que os desfiles das escolas de samba entrariam na programação oficial do carnaval em 1933 (Cabral, 1975, pp. 99-104; Conniff, 1981, p. 103).

A queda do Império havia levado a uma *acentuação* da *exclusão* política e social; a República, muito ao contrário do que a ideologia oficial proclamou, levou a uma *restrição da cidadania*. A alternativa popular a esse autoritarismo foi a proliferação de pequenas repúblicas autônomas (Carvalho, 1987, pp. 38-9 e 163). A conseqüência desse processo foi a *fragmentação da identidade* da cidade, fenômeno agravado pela limitada capacidade integradora do mercado, devido a seu baixo dinamismo (Carvalho, 1983 e 1984).[9] Com isso, como bem expressou Chico Buarque, no Rio de Janeiro, até hoje, "cada ribanceira é uma nação", fenômeno que nada tem a ver com um pós-modernismo *avant la lettre*, mas sim com uma modernização excludente. O projeto do PADF parecia oferecer uma solução para esse impasse, enquanto os empresários, se bem que preocupados com a renovação dos horizontes cariocas, declinaram de abertura em face das propostas deste partido. O Estado Novo, de todo modo, viria bloquear qualquer possibilidade de evolução nesse sentido.

Decerto que dentro do PADF, como expresso em seu jornal *O Radical*, certos grupos manifestavam forte inclinação à esquerda, encarnada por Pedro Ernesto por ocasião de sua aproximação à Aliança Nacional Libertadora (ver Conniff, 1981, pp. 142ss; Silva, 1969). Mas o prefeito expressava, sobretudo, a visão hegemônica na agremiação ao manifestar-se concretamente por uma forma adaptada do *New Deal* de Roosevelt, com soluções algo mais avançadas para a questão

---

[9]Na verdade, o Rio perdia, nesse momento, espaço econômico na federação. Cf. Lobo (1978), pp. 857-63.

social, e deixar patente sua total rejeição ao corporativismo, o que acabaria opondo-o a Vargas (Conniff, 1981, pp. 118 e 125). Nada em seu programa apresentava contradição com a existência das classes burguesas. Para Pedro Ernesto,

> Apesar da relativa dificuldade de extrahir das doutrinas político-sociais contemporâneas o que seja realmente incontrovertido, duas observações, pelo menos, escapam a quaesquer dúvidas. A primeira é que o aperfeiçoamento dos meios de produção tornou possível, pelo aumento da riqueza social, uma distribuição de bens e comodidades, mais equitativa e mais compatível com as necessidades do trabalhador moderno. A segunda é que o Estado não se pode conservar na atitude de simples espectador ou policiador do progresso humano, mas deve ser nessa phase de sua evolução histórica o regulador da vida da comunidade.[10]

Ao assumir a prefeitura, eleito indiretamente pelo Conselho Municipal, Ernesto reafirmaria sua distância do socialismo, criticando, todavia, o "sentido individualista" da produção e, contra a fusão de liberalismo e oligarquia, reivindicaria a *democracia*, encarada como a universalização dos benefícios proporcionados pela civilização contemporânea.[11] Em aproximação tardia com o empresariado, já fora da prefeitura, frisaria ser um liberal, com "o senso das realidades".[12]

---

[10]Pedro Ernesto, "Discurso Programa" (Arquivo Pedro Ernesto, FGV/CPDOC/RJ), n/d, pp. 4-5; ver também Conniff (1981), pp. 118 e 125.
[11]*Correio da Manhã*, 15/06/1935.
[12]P. Ernesto, "Pedro Ernesto fala às classes conservadoras" (Arquivo Pedro Ernesto, FGV/CPDOC/RJ), 1938, p. 4.

O projeto do PADF seria derrotado, com Pedro Ernesto catapultado da cena política, atirado à prisão e ao isolamento. Como vimos, o projeto do PE fracassara já antes disso. Como reagiria a FIRJ ao desenrolar da conjuntura? Ao contrário dos anos anteriores, no de 1935 a entidade sequer elaborou relatório, e o de 1936, já sem Oliveira Passos na presidência, deixaria de lado qualquer discussão política (mesmo uma avaliação do PE), a não ser por não perder a oportunidade de elogiar Vargas, cujo "perfil" se projetara ao enfrentar as "explosões comunistas" de 1935, hipotecando esses industriais todo seu apoio à defesa da ordem.[13] Desde antes da decretação do Estado Novo, a representação do empresariado já demonstrava sua simpatia pelo autoritarismo crescente. É verdade que se deve ter em mente que a classe como um todo talvez preferisse alguma outra solução, como é sugerido pela própria organização de um banquete no característico Automóvel Club, especificamente concebido para dar voz a Pedro Ernesto, momento em que a referida aproximação tardia se deu. De qualquer modo, essa atividade parece não ter tido desdobramentos importantes.

Seria exatamente o parceiro da burguesia no PE, Dodsworth, que assumiria a prefeitura até o final do Estado Novo, com uma perspectiva de gestão tecnocrática e de reforma urbana próxima à da República Velha. A Comissão do Plano da Cidade retomaria assim certos aspectos do Plano Agache, expulsando mais uma vez as populações pobres do centro da cidade e abrindo novos espaços para o capi-

---

[13]*Relatório da FIRJ*, 1936, p. 10.

tal, tanto em termos de investimentos quanto de facilitação da expansão urbana (Conniff, 1981, p. 60; Abreu, 1987, pp. 113-4; Lima, 1990). Obra máxima de sua administração, a avenida Presidente Vargas, dando fim à Cidade Nova, centro crucial da cultura popular carioca, foi construída nesse contexto. Dodsworth estaria tão distante das camadas populares que o humorista Barão de Itararé, no retorno às eleições, podia ironizá-lo como "Henrique Dois Votos" (Konder, 1983, p. 130). Fragmentada, a cidade reafirmaria seu inconformismo com as elites que pretendiam vê-la à margem da política. Vargas obteve sucesso com a "construção do trabalhador", que se estabeleceu em paralelo à permanência da apologia da malandragem e com a introdução de uma forma de *cidadania regulada* (Gomes, 1988; Santos, 1979, especialmente cap. 4). Em um clima mais democrático, contudo, não seria possível tratar os *habitantes* do Rio como *plebe* a ser desconsiderada. O enorme sucesso do PCB no pós-45, em certo sentido recolhendo a herança de Pedro Ernesto, foi testemunha disso. A dimensão da *cidade* exigia resolução própria.

A BURGUESIA INDUSTRIAL E A ESFERA PÚBLICA

A crise do liberalismo, no plano internacional e no Brasil, trazia uma série de questões ao firmamento ideológico do período. Os tenentes sofreram esse impacto profundamente e muitos assumiram valores e perspectivas próximos ao corporativismo. A labilidade política dos tenentes era grande, fenômeno patente no pós-30, quando o liberalismo, aprisionado no universo oligárquico e em crise internacionalmente, parecia caduco para organizar a sociedade brasileira (Werneck Vianna, 1978; Reis, 1982).

Aquela fluidez é captada com precisão por um contemporâneo. Para Virgínio Santa Rosa (1933, p. 31), os tenentes haviam recuado de um correto antidemocratismo para a socialdemocracia e o "regímen da pluralidade de partidos", em que a confusão e o latifúndio imperariam, e tentavam, havendo tomado o poder na capital federal, cultivar a simpatia das camadas médias. Via ele a possibilidade inclusive de sua inclinação ao comunismo. A evolução de Pedro Ernesto se aproxima da descrita anteriormente, na qual nem todos os tenentes se inscreveriam. O PADF abraçava reformas sociais, integrativas, mas recusava o corporativismo; cultivava laços com os setores populares e as camadas médias, mas seu horizonte, mais que socialdemocrata, era próximo ao do *New Deal*.

Pode-se dizer que ocorreu então uma divisão entre os "intelectuais orgânicos" da burguesia e os "intelectuais tradicionais" da cidade.[14] Enquanto aqueles — tenentes e reformistas sociais, escritores e músicos — se juntaram ao PADF, o PE atraiu poucos desses intelectuais, contando com a própria burguesia e os setores tradicionais e oligárquicos da cidade. É verdade que empresários aderiram também ao

---

[14] De acordo com essa conceituação, os intelectuais orgânicos, emergindo diretamente do seio de sua classe, seriam centrais para o estabelecimento da hegemonia burguesa, inclusive ao atrair aqueles outros intelectuais, tradicionais, que acham sua identidade diretamente no mundo da política e da cultura. Ver Gramsci (1929-35). Discuti a esquerda "latino"-americana com essas categorias e hipótese em Domingues (1989).

PADF, como Pereira Carneiro, do *Jornal do Brasil*, mas as associações burguesas e o grosso da classe optou pelo PE. É possível sugerir que, encapsulados no "mundo da vida" dos setores tradicionais da cidade e incapazes de romper com sua perspectiva ideológica, os industriais não tinham recursos para lidar com a modernização da cidade.[15] O exame da esfera pública no Rio de Janeiro, em sua especificidade, reforça essa hipótese.

As considerações de Habermas (1962), ao desenhá-la quase ideal-tipicamente — é provável que subestimando a participação aristocrática em seus passos iniciais e, conscientemente, não discutindo sua relação tensa com uma esfera pública "plebéia" —, trazem-nos o processo por meio do qual se urdiu progressivamente a esfera pública. Mas a esfera pública burguesa propriamente dita se apresentaria enfim como expressão do homem burguês — o dono dos meios de produção e patriarca — enquanto ser *privado* em espaço — *público* — onde as leis do intercâmbio de mercadorias e o trabalho social encontrariam fórum de debate. A *esfera pública literária* cumpriria papel fundamental, como espaço da expressão de opiniões, consubstanciada sobretudo nos salões e na imprensa. Em seguida, essa esfera literária seria refuncionalizada, com o surgimento da *esfera pública política*. O princípio polêmico da esfera literária, ao se meta-

---

[15]Seu *habitus* — matriz de suas disposições para o agir e o qual se encontra na raiz de suas inclinações ideológicas — formava-se assim nessa interseção de base industrial e vida social tradicional. Para uma discussão desses conceitos, ver Domingues (1995a), cap. 8. Não há por que supor, universalmente e *a priori*, o compromisso da burguesia com o liberalismo; esse precisa ser antes explicado.

morfosear, daria origem à "universalidade da lei", ao "interesse geral", vez que a opinião pública seria a parteira dessas leis, cuja transcendência do interesse individual se justificaria pelo evolver da argumentação racional dos indivíduos em debate. O Legislativo, em particular, mostrar-se-ia o órgão capacitado a fazer a mediação entre as leis e a opinião pública. Os *interesses humanos*, encarnação ideológica do *interesse burguês*, ver-se-iam agora *representados* no espaço público. Enfatize-se que o sucesso desses procedimentos e ideologia dependia do *sistema eleitoral censitário*, o qual excluía as massas do exercício da cidadania em termos políticos (cf. Marshall, 1950).

Ao examinar-se a emergência da esfera pública brasileira e suas características no Rio de Janeiro, em particular, o próprio conceito em si precisa passar por uma "redução", para falar com os termos de Guerreiro Ramos, de forma a revelar seu conteúdo nesse recorte específico.

Fernandes destaca que, deslanchada a "revolução cultural" que caracterizou o processo brasileiro de independência, em 1822 — a partir do qual, malgrado a economia colonial, o país paulatinamente incorporaria os valores e instituições do mundo burguês —, o senhor escravista se transmudaria no "senhor-cidadão". Reduziam-se, a sociedade e a nação, à sua figura. Nessa esfera, imperavam a liberdade e a igualdade como requisitos indispensáveis da "opinião livre", garantida a ordem pela exclusão da maioria da população. Apenas os "cidadãos ativos" poderiam atingir plena participação na esfera pública (Fernandes, 1975, pp. 41ss). O desdobrar da dinâmica do Império e a Proclamação da República acabaram por "desencapuçar" aquela revolução liberal de que nos fala Fernandes. Progressivamente, no decorrer do século XIX, realizou-se o liberalismo, com a liberação do mercado — o capital, as terras e os homens —, e generalizou-se o sufrágio, se bem que de modo relativo, dada a exclusão decisiva dos analfabetos do direito de voto (Carvalho, 1987, cap. 2). Não é preciso enfatizar que a cidadania se via restringida, em seus planos civil e político, pelo domínio das oligarquias regionais e pelo autoritarismo vigente no Distrito Federal, bem como pela permanência de mecanismos tão arraigados como a prática do "favor".

Sem dúvida, por motivos diversos, exclusões formais ou o clientelismo, por exemplo, a *representatividade* do sistema político era limitada. A esfera pública, no entanto, aí estava, moldada por elementos não-burgueses. A esfera pública literária — ou mais corretamente cultural — era, por seu turno, multifacetada.

A imprensa carioca, não obstante as restrições do poder oligárquico, floresceu, com forte conteúdo político. Durante a década de 1910, industrializou-se, mantendo-se, de todo modo, politizada, alicerçando-se no público de "classe média", sem maior influência da publicidade. A vida intelectual da cidade prosperava, apesar da derrota de suas correntes mais progressistas no amanhecer da República: os cafés e as confeitarias, as livrarias e os pasquins esporádicos eram locais e veículos de acirradas polêmicas por volta da virada do século. O mundo da boemia, por sua vez, parece ter contribuído decisivamente para a constituição da esfera pública no Rio, desde que muitos intelectuais, com a oligarquização da República dos fazendeiros, buscavam normatividade alternativa à do regime, à semelhança das classes populares (Sodré, 1966, p. 371; Needell, 1987, caps. 2-3; Sevcenko, 1983, p. 84, em particular).

Ao longo do período republicano como um todo, contudo, não só a legitimidade do regime se veria em xeque como a dinâmica político-social tenderia a se alterar, especialmente no que toca à esfera pública como um todo.

As ruas do Rio, antes das reformas de Pereira Passos — que seguiram a remodelação de Paris após a derrota da Comuna de 1871 —, eram cruciais para a vida das classes populares. O advento de uma *"belle époque"* mudou isso. As "pequenas repúblicas", na expressão de Murilo de Carvalho, ajudaram a redefinir a esfera pública no período que aqui nos importa de perto (Carvalho, 1987, *passim*; Sevcenko, 1983, cap. 1; Needell, 1987, pp. 164ss e 186; também Challoub, 1987). São os candomblés, os terreiros de samba, com forte influência africana e enquanto local de socialização de vastos setores das classes populares, freqüentemente sob liderança feminina, que tomavam outra importância (Veloso, 1990). Haveria uma espécie de dinâmica do favor que fazia a passagem da sociedade negra para a branca, e vice-versa, em um movimento em que os negros penetravam a sociedade urbana, tateando seu lugar, contra o que as vozes mais conservadoras reagiriam — embora no futebol e na música popular, por exemplo, as próprias elites tradicionais estivessem abrindo certos espaços controlados para setores das camadas populares. O "populismo", quer um comentarista desse processo, emergiria precisamente nesse espaço indefinido, inclusive em função do interesse mas também de certa ambivalência por parte dos intelectuais (Wisnick, 1983, pp. 155-9; Lopes e Faguer,

1994).¹⁶ As favelas, cuja importância, acima de tudo simbólica naquele momento, foi reconhecida pelo PADF, podem ser localizadas nessas coordenadas.

Ao mesmo tempo, a cidade como um todo se organizava (como, de novo, nas décadas de 1940 e 1970-80 — aliás, desmentindo o mito de que o Rio padeceria sempre de um tecido político amorfo, em que o Estado erigir-se-ia como ator absoluto). Se no período inicial da República as associações que brotaram no Rio tinham caráter principalmente primário, na década de 1920 proliferariam as associações centradas em impulsos mais utilitários. O processo começara de cima, espraiando-se para os setores populares, com destaque para os funcionários públicos e a classe operária (Carvalho, 1987, p. 145; Conniff, 1981, p. 52, e 1975).

Quando a burguesia carioca adentrou a cena política, na década de 1930, defrontou-se com essa situação. A essa altura, já não podia contar com o voto censitário. Se quisesse que seus valores orientassem a sociedade e o sistema de representação fosse condicionado diretamente a seus interesses, teria de fato que exercer *hegemonia*.

Tendo-se claro que os estratos superiores cariocas eram nucleados em torno das famílias tradicionais da cidade, muitas das quais deitavam raízes no século XIX, como herdeiras

---

¹⁶Fica claro também, em particular, que não se deve supor que a esfera pública tome caráter face a face, como Thompson corretamente enfatiza em sua crítica à imagem da pólis grega que subjaz mesmo à pintura que Habermas faz da esfera pública moderna. Sua midiatização evidencia que ela tende a implicar uma nova configuração espaço-temporal dos processos interativos. Ver Thompson (1995). Portanto, descrever sua configuração no Rio dos anos 30 não aponta para a cristalização de uma imagem normativa.

de riqueza e posições, é possível distinguir três grupos, *grosso modo*. O primeiro descendia das elites que haviam governado o país durante longos anos; o segundo era expressão de famílias que tinham suas bases nos estados, mantendo ramos estáveis na capital para conduzir seus negócios e lidar com o mundo político; um terceiro grupo seria composto de empresários mais modernos, particularmente estrangeiros, os quais, devido ao sucesso econômico e às boas maneiras, acabariam incorporados pelos clubes de elite e, algumas vezes, àquelas famílias tradicionais (cf. Conniff, 1981, p. 36).[17] É ainda obscura a origem do capital industrial no Rio (Gomes e Ferreira, 1985). Pode-se, entretanto, inferir da taxonomia proposta por Conniff para os grupos dominantes da cidade que a burguesia tendia a se confundir com os setores tradicionais, ao menos a partir de certo momento de sua ascensão. Assim, tem-se uma situação quase paradoxal: por um lado, os industriais se organizaram e demonstraram forte identidade de classe; por outro lado, mantiveram-se, no tocante à sua concepção de mundo em geral e sua inserção na esfera pública, muito próximos e mesmo subordinados aos setores dominantes tradicionais.

Se os cinemas, os clubes privados, as festas e reuniões constituíam aspecto importante da esfera pública desses setores, o Jockey Club na Zona Sul (e, muito menos influente, o Derby nos subúrbios), junto ao Touring Club e o Automóvel Club, iluminava o prestígio dos membros dos setores dominantes, sendo comum que seus sócios ocupassem cargos importantes

---

[17]Em *O cortiço* (livro de 1890), Aluísio de Azevedo narra precisamente uma dessas trajetórias.

na administração municipal. Uma elite mais progressista parece ter-se delineado em Copacabana, mas não chegou, ao menos nesse período, a redefinir aqueles elementos-chave, embora tenha fornecido quadros aos movimentos reformistas (Conniff, 1981, pp. 23 e 40-1).

Esses setores tradicionais, nos quais se recrutava boa parcela dos políticos da cidade, tanto em termos locais quanto nacionais, antipatizavam com Vargas, os tenentes do Clube 3 de Outubro e as medidas por eles propostas. Amaral Peixoto recordaria essa animosidade mútua ao comentar que os políticos, descontentes com os tenentes, queriam rapidamente "fazer uma Constituição" para "cercear" a ação do governo; em compensação, o Clube 3 de Outubro mandava "dissolver" as manifestações contra o governo, as quais "(...) saíam de dentro do Jóquei" (Camargo *et al.*, 1986, p. 84).

Os industriais viam, de todo modo, o sistema político da cidade como não representativo. As colocações de Gilberto Amado (1931, pp. 42-3), próximo ao empresariado quando da criação do PE, expressam esse ponto de vista. Segundo ele, o sistema político municipal, apesar de eleito, não representava a vontade da cidade, até a Revolução de 30. Afinal, eleição seria uma coisa, representação, outra. Ao invés de representar a "nação", os "interesses da sociedade", o voto expressava a "antinação", os interesses que lhe eram "opostos". Nesse quadro, não haveria real representação da população da capital federal, de suas faculdades de ciências, do funcionalismo público, das indústrias e do comércio, dos *rentiers* ou dos operários das fábricas, portos e estradas. Explicitamente, o clientelismo era o mal maior que, segundo Amado, distorcia a política carioca. Ao discutirem com Adolfo Bergamini, interventor no

Distrito Federal logo após a "revolução", os empresários cariocas reivindicavam mais vagar na definição dos impostos — o que significava, concretamente, lutar contra sua possível ampliação, como tivemos oportunidade de observar —, sob o argumento de que a "Nova República" estaria calcada "no espírito eminentemente democrático de tornar o *cidadão* e as *classes produtoras* partícipes na gestão da coisa pública".[18] Desarmavam-se, assim, de meios para postular influência na esfera pública, cuja renovação, além de tudo, subordinavam à tentativa de *veto* ao aumento do papel do Estado na resposta às demandas da população da cidade. É verdade que a idéia de industrialização prosperou, mas distante de seu liberalismo, sob a égide de um capitalismo politicamente orientado pelo Estado e dessa ótica legitimado, aí sim, como tributário dos interesses da nação. No plano da cultura em sentido amplo, enquanto incorporação dos valores e demandas populares, parecia truncada essa burguesia, compartilhando ainda com as elites tradicionais o liberalismo da República Velha, o qual se patenteava incapaz de responder às necessidades da sociedade carioca.

É curioso notar que os industriais parecem ter mergulhado em projeto paradoxal, até certo ponto ao menos. Transigiam com a carga passadista daquele patriciado urbano, cujo "mundo da vida" — valores, símbolos etc. — em grande medida compartilhavam, ao mesmo tempo que, impulsionados por seus interesses de classe, abraçavam a tarefa de configurar politicamente uma identidade empresarial moderna e clara, o que evidenciava, doutrinária e organicamente,

---

[18]*Relatório do CIB*, 1928-31, p. 28 (grifos meus).

a base social do PE. Acontece que, para tornar esse sistema de fato representativo e, no mesmo movimento, colocá-lo sob sua direção, a burguesia carioca precisaria garantir certos pressupostos, tanto no plano dos *interesses* quanto no dos *valores*. Não o conseguiu. Pedro Ernesto e o PADF, ao contrário, sem renegar o capitalismo, apesar de determinadas restrições ao mercado liberal e preocupados com programas sociais limitados, propuseram-se como intérpretes da face *cidadã* reivindicada pela população da cidade, sem compromissos com elites de outrora ou um estreito projeto burguês. Buscaram integrar aqueles movimentos, reivindicações e símbolos populares em um sistema político mais inclusivo. Foram negados duas vezes, uma pela burguesia, a outra pela "modernização conservadora" promovida pelo Estado Novo.

Vargas surgia então ao empresariado como alternativa, trazendo consigo o corporativismo e um capitalismo politicamente orientado, no qual tinham papel destacado alguns dos tenentes mais autoritários e antipopulares, como Góes Monteiro, segundo presidente do Clube 3 de Outubro e depois Ministro do Exército. Também eles não manifestavam quaisquer simpatias pelo projeto liberal do PE. Contudo, a combinação de desenvolvimento industrial e autoritarismo possibilitava acordo até aquele momento improvável. Não se trata de negar que as propostas que postulavam um Estado forte e centralizado ganhavam força; nem sequer é necessário recusar a visão de que o Estado tem sido recorrentemente mais forte que a sociedade civil no Brasil, se bem que a discussão encetada ao longo deste texto sirva para relativizar essa posição.

O que precisamos indagar é pelas opções burguesas, já que a experiência do PE estava mais que derrotada, muito *antes* da decretação do Estado Novo, e mesmo antes da crise de 35. Sua decisão foi por garantir a não-realização de reformas sociais democráticas e a manutenção da ordem, embora ao custo da renúncia a seu projeto político liberal, da aceitação de relativa intervenção do Estado no mercado de trabalho, comandada por ninguém menos que os teóricos do corporativismo, e mesmo certa legislação social.

Desde esse desenlace, o Rio de Janeiro viu-se distante de uma identidade mais universalista e capaz de resgatar as reivindicações populares, fazendo delas o meio através do qual uma esfera pública democratizada substituísse a excludência que, pelas vias por vezes as mais camufladas, ainda hoje distingue a cidade.

CONCLUSÃO

Em seu estudo seminal do período, Conniff afirma que o PADF haveria representado — mediante uma forma de "populismo" — o retorno dos valores tradicionais oriundos do período colonial, os quais subsistiriam na cultura da cidade, valores de caráter "holista" e nos quais o Estado intervencionista cumpriria papel decisivo (Conniff, 1981, pp. 3ss). Ele se baseia em teses de Morse, para quem a cultura "ibero-americana" empresta forte ênfase a valores anti-individualistas e à centralidade de um Estado integrativo. Essa perspectiva, cujas origens remontariam à tradição neotomista colonial, possuiria ainda um outro filão, um manipulativo cálculo de poder maquiavélico, voltado simplesmente para o incremento de poder nas mãos do governante. Se o reino da crença não se explicitou doutrinariamente em ideologia coerente após o fim do período colonial, haveria permanecido subterrâneo, vindo à tona no século XX com o fracasso das ideologias liberais na fase anterior (Morse, 1954 e 1964).[19]

Sua hipótese é factível, se bem que não chegue realmente a demonstrá-la. Talvez as *memórias* do período anterior à República Velha perdurassem na cultura popular, ainda que abafadas, tendo sido revividas com a crise da década de 1920 e a subida ao poder de grupos reformistas. Mais provável é que a nova dinâmica social da cidade haja demandado novos arranjos culturais e políticos, embora, é claro, isso não exclua a possibilidade de que aqueles traços de memória tenham sido de algum modo incorporados por perspectivas inovadoras. O fato é que, na encruzilhada da década de 1930, dois projetos se confrontaram, e apenas aquele defendido por Pedro Ernesto se apresentou como portador de um potencial capaz de responder às demandas conformadas pelo que então se desenhava como os resultados da *imaginação radical* da população carioca, sobretudo das classes populares, fruto do anseio por reformas urbanas de cunho social. Enquanto o PE se prendeu a *memórias* esgotadas em termos da dinâmica da cidade, o PADF deu forma coerente àqueles novos elementos. Na verdade, nesse momento o PADF liderava a população da cidade na

---

[19]Suas idéias maduras acham-se em Morse (1982). Ver Domingues (1995c) para uma análise de suas idéias.

redefinição reflexiva de sua situação histórica e, assim, de sua própria identidade — ou seja, de suas necessidades, potencialidades e do horizonte de seu comportamento coletivo efetivo —, fazendo uso e atribuindo novos sentidos às memórias *multivalentes* que receberam de herança da história da cidade.[20] Mas como desenvolvimentos históricos não são exclusivamente endógenos e a dinâmica da cidade dependia dos resultados do jogo político nacional, o Rio de Janeiro viu sua crise ser resolvida pela intervenção de Vargas, que, contra a perspectiva democratizante de Ernesto e do PADF, introduziu sua própria versão de projeto inovador (preocupado com a ordem e a conquista da autonomia nacional no cenário internacional), o qual se mostrou incapaz, todavia, de reconstruir a identidade carioca de forma efetivamente integrativa (e nesse sentido, como em geral, o termo holismo mostra-se vago em excesso). Esse é problema que perdura até nossos dias.

É verdade ainda que a formulação dos projetos em disputa contou com evidentes influências internacionais (o socialismo, o keynesianismo, o fascismo, o liberalismo laissez-fariano); de fato, a situação brasileira em geral e a carioca em particular viam-se marcadas pelo que se pode chamar de "primeira crise da modernidade", cuja solução — contingente, diferentemente do que suporiam as teorias da modernização, das décadas de 1960 ou 1990 — levou a formas várias de "modernidade or-

---

[20] Para a o conceito de "imaginação radical", para a idéia de redefinição reflexiva da situação, corrente no interacionismo simbólico e no pragmatismo, ainda que referida somente a atores individuais, mas aqui referida à "subjetividade coletiva" carioca, e temas correlatos, ver em particular Domingues (1999a), cap. 2.

ganizada".[21] Mas é certo também que as perspectivas elaboradas emergiram em grande medida da situação particular do Rio de Janeiro, implicando uma *combinação específica* de idéias e práticas sociais. Tampouco as perspectivas marxista e/ou funcionalista devem ser aceitas, pois que a *modernização* de que aqui se trata — antes que uma "modernidade" reificada — não tem caminhos nem termo previamente definidos. Ao contrário, desenvolveu-se de acordo com os movimentos — desorganizados e desconexos em alguns casos, mais organizados e baseados em projetos, em outros — de *subjetividades coletivas*[22] — grupos, partidos, classes, num espaço de possibilidades aberto ao impacto da criatividade de cada uma delas. Embora equivocadamente atribuindo de modo exclusivo às elites o poder de moldar a evolução social (o que é flagrantemente desmentido pela análise que procedemos do Rio de Janeiro na década de 1930), Eisenstadt, funcionalista que procura flexibilizar aquela abordagem teórica, abrindo-a à contingência da história, assinalou com propriedade esse aspecto plural da modernização. Essa não pode ser separada dos aspectos correlatos da globalização, também multifacetada, do planeta, pois, em seus desdobramentos pelo mundo, a modernização social tem assumido aspectos muito variados e historicamente

---

[21] Ver Wagner (1994), em particular pp. 14, 20-1, 66-9 e 77. Ele parece desconhecer, no entanto, que o tema da autonomia e da emancipação pode ser fraseado no plano diretamente coletivo (nacional, de classe, da cidade etc.). Disciplina não se oporia, assim, a autonomia, nem no plano coletivo, nem mesmo, ao menos de forma absoluta, no plano do indivíduo, cuja liberdade pode mesmo permanecer, em variados graus, desde que não prejudicando aquele esforço coletivo, ou ainda sendo concebida como essencial para seu sucesso.

[22] Ver, para esse conceito, Domingues (1995a).

contingentes, mesclando-se a tradições civilizatórias previamente existentes:

> Como em todos os casos de mudança histórica, de cristalização de novas formações sociais, os elementos cruciais nesse processo de cristalização foram — antigas e novas — elites... e são esses grupos que têm sido de importância crucial para delinear as diferentes respostas aos contínuos desafios da modernização. Esses grupos... eram de fato bastante variados, e mesmo as novas elites que se desenvolveram eram muito influenciadas por tradições diferentes de resposta à mudança, de heterodoxias e inovação... (Eisensatdt, 1987, p. 11).[23]

Não se suponha, portanto, determinismo, embora a criatividade não seja, evidentemente, incondicionada. Assim como não se devem postular determinismos e automatismos estruturais e teleológicos, tampouco admite-se recair em teorias, como a de Weber (1921-22, pp. 140ss), que atribuem apenas a "lideranças carismáticas" o poder de moldar a história.[24] Decerto, figuras como Pedro Ernesto exercem grande influência, mas apenas na medida em que contribuem para articular projetos coletivos. E, no caso que analisamos, a esfera pública carioca foi o ponto de mediação entre esses projetos, e, no que diz respeito àqueles articulados na cidade, o terre-

---

[23] Ver ainda Domingues (1999a), cap. 4.
[24] Com isso, ele sublinha, e no mesmo passo contradiz, seu "individualismo metodológico", ao destacar o carisma e a capacidade criadora dos líderes, relegando as massas ao papel de seguidoras passivas. Nesse sentido, a abordagem de Gramsci mostra-se bem mais adequada.

no no qual foi definido o veredicto sobre sua capacidade hegemônica.

Embora possamos generalizá-las, como constatação empírica, a inapetência ou incapacidade histórica das burguesias industriais das Américas Central e do Sul para a liderança parecem decorrer de complexos fatores causais; estes podem ser por vezes similares, por vezes díspares, se bem que possivelmente conectados. O estudo das coordenadas espaço-temporais do Rio de Janeiro na década de 1930 pode contribuir para identificá-los com maior precisão, de modo a estabelecer, comparativamente, as semelhanças e divergências na causação desse fenômeno que parece generalizado nessas Américas — ou talvez, inclusive, as exceções a essa generalização, a despeito, inclusive, de causas semelhantes poderem estar em ação.[25] No caso em foco, e acredito que em outros nesse recorte continental, o que marcou o fracasso burguês foi a imersão do empresariado industrial no tradicionalismo liberal do mundo da vida dos setores dominantes, agrários e urbanos, e sua decorrente incapacidade de liderar a reformulação da esfera pública quando as classes populares emergiram na cena política mais decisivamente. Esse parece ser um dos fatores que se apresentam para explicar a forma de modernização excludente e autoritária do continente no século XX.

---

[25]Para uma discussão do método comparativo na sociologia histórica, sobretudo de seus aspectos de "divergência" e "concordância", no plano empírico, ver o sumário de Smith (1991), pp. 166ss. Para a visão de causalidade e indução que informa este argumento, ver Domingues (1999a), cap. 3. Ao contrário de uma visão como a de Mill e Durkheim, por exemplo, não se postula aqui o princípio da invariância ou do determinismo, ou seja, que a uma causa corresponda um efeito apenas, e muito menos o contrário.

Talvez ajude ainda a entender certos desenvolvimentos em contextos outros que os da América de colonização ibérica. Seja como for, sugere-se como pano de fundo para encararmos os impasses profundos em que, nessas mesmas coordenadas — crescentemente agravadas e dramatizadas —, debate-se ainda hoje a cidade do Rio de Janeiro.

CAPÍTULO 3 *A cidade*: racionalização e
liberdade em Max Weber[1]

---

[1] Publicado em Jessé Souza (org.), *A modernidade de Max Weber* (Brasília: Editora da UnB, 2000); e, em inglês, em *Philosophy and Social Criticism*, vol. 26 (2000).

A CIDADE E O PROJETO WEBERIANO

Apesar de ser, reconhecidamente, um importante texto de Max Weber, *A cidade — a dominação não-legítima* não tem recebido atenção na literatura teórica recente sobre esse autor clássico das ciências sociais.[2] Entretanto, muito se pode ganhar de um estudo de suas hipóteses mais gerais, não apenas em termos historiográficos (o que não será aqui meu objetivo), mas sobretudo em termos de um entendimento mais profundo da metodologia weberiana, de sua concepção do processo de racionalização do Ocidente e ainda no que se refere aos limites do diagnóstico de Weber sobre a sociedade em geral e particularmente sobre a modernidade. Em *A cidade*, parece-me mais que evidente a afirmação de Benjamin Nelson (1974) de que Weber buscava traçar um quadro do desenvolvimento do Ocidente muito mais complexo do que se poderia supor se nos atêssemos a uma contraposição simplística entre idéias e materialidade, ou entre weberianismo e marxismo. Esse texto seminal sobre o fenômeno urbano nos permitirá uma visão

---

[2] Exceções parciais nesse sentido são Alexander (1983: 50-55), Turner (1993), p. 4; e Kalberg (1994), pp. 90-1.

menos teleológica da modernidade, que, apesar da perspectiva metodológica de Weber, desemboca em seu pessimismo e resignação em face dos caminhos abertos para o desenvolvimento dessa civilização.

Uma referência à teoria e à tipologia da ação em Weber mostra-se imprescindível nesse caso, pois com a leitura de *A cidade* sua inadequação, por outros (Parsons, Aron, Habermas) já apontada, nos termos mesmo de sua obra, se patenteia de forma especialmente contumaz. De modo geral, chamarei a atenção para um lado do processo de racionalização, como enfatizado por Habermas, de caráter não-instrumental. Enfim, buscarei evidenciar a necessidade de enfrentar as questões que Weber atacou de um ângulo distinto do dele, mas também do de Habermas, sugerindo uma teoria da criatividade social que, acredito, possibilita enfatizar alguns aspectos do indeterminismo e da sociologia compreensiva de Weber, e resgatar sua visão de uma possibilidade (travada) de desenvolvimento democrático do Ocidente, que sua visão fechada do processo de racionalização e uma concepção restrita da criatividade em si mesmas tendem a bloquear.

A CIDADE OCIDENTAL

Weber (1921, p. 727) adverte logo ao início de seu texto que a cidade deve ser entendida como um "estabelecimento" (*Siedlung, Ansiedlung*) que não cabe tomar quantitativamente: este não poderia ser o critério para o estabelecimento de uma tipologia. Ao contrário, seu ponto de partida é a definição da cidade como um local de mercado de tamanho expressivo em torno do qual a vida de seus habitantes gira (e não simplesmente como fornecedora dos produtos necessários ao Príncipe, sua corte, funcionários, ou ainda como local de um forte ou de estacionamento de uma guarnição). Entretanto, mais que isso, a cidade propriamente dita é para Weber um fenômeno característico do Ocidente, mais precisamente da Idade Média européia. Como observa em seu célebre texto:

> A cidade-comuna (*Stadtgemeinde*), no sentido pleno da palavra, foi conhecida como um fenômeno de massa somente pelo Ocidente. Além dele, uma parte do Oriente Próximo (Síria e Fenícia, talvez Mesopotâmia), mas apenas temporariamente e de modo aproximado. Pois, para isso, um estabelecimento tem que ser, ao menos de modo relativo, comercial-artesanal, e ser equipado com os seguintes traços: 1) fortificação; 2) mercado; 3) sua própria corte de justiça e, ao menos em parte, justiça autônoma; 4) estrutura associativa e, em correlação com isso; 5) ao menos autonomia e autocefalia parciais, portanto administração por autoridade em cuja definição os burgueses de alguma forma participem (idem, p. 736).

Sem dúvida, deve-se levar em conta que, mesmo no Ocidente, aqueles traços não apareceram em todos os lugares, e nem sempre com a mesma pujança. Trata-se, naquela definição, mais precisamente de um *tipo ideal*, construído com alguns traços relevantes para Weber, os quais, como veremos adiante, sobretudo nesse caso são reveladores de alguns de seus ideais axiológicos (quase normativos, não fosse ele tão pessimista *vis-à-vis* os impasses que detectava no desenvolvimento do Ocidente). De todo modo, faz notar Weber (idem, p. 741), como um fenômeno oposto ao que se verifica na Ásia, a cidade em seu *tipo ideal*, em sua "pureza" (*in idealtypischer Reinheit*), é encontrada concretamente na realidade ao norte dos Alpes, durante a Idade Média. As variações empíricas aí são muitas, todavia. Por seu turno, a cidade do sul da Europa medieval e a cidade antiga do Ocidente se acham, em termos concretos, em um ponto de transição entre o tipo asiático e o tipo europeu (idem, p. 743).

São vários os contrastes a explorar. Na Ásia, no Oriente em geral, como no caso da China, os estabelecimentos mais próximos, do ponto de vista da economia (especialmente em termos do desenvolvimento comercial e artesanal), do tipo ideal de Weber dele se afastam em muito no plano da política. De um lado, eles têm como veículo de ação organizada (*Verbandshandeln*) — em outras palavras, do *movimento coletivo de um grupo especificamente definido*, de uma *subjetividade coletiva* — tão-somente *clãs* e, às vezes, associações ocupacionais, mas nunca assistem à ação organizada de "cidadãos urbanos (*Stadtbürgerschaften*) como tais" (idem, pp. 736ss). Este consistiu em fenômeno peculiar ao Ocidente. Além disso, no Oriente — e aqui tem-se questão decisiva — *não há autonomia urbana*: a "cidade" (se assim a podemos chamar) é simplesmente um centro administrativo e de poder. Ou seja, encontra-se incluída no esquema da dominação tradicional, comumente patrimonialista, e a ela subordinada. Somente no Ocidente ela adquiriu personalidade jurídica (*Rechtspersönlichkeit*) própria como uma *corporação*. Seus funcionários tornaram-se "órgãos" da cidade (idem, p. 748).

A partir daí, podemos estabelecer dois traços cruciais para a perspectiva weberiana da cidade: *cidadania* e *autonomia*.

A quebra da dominação tradicional (dos senhores feudais e da Igreja) e sua substituição pela autoridade dos habitantes associados na urbe marcam inclusive o subtítulo que Weber confere ao texto — "dominação não-legítima" (*nichtlegitime Herrschaft*) — e servem de fio condutor a seu argumento e a sua tipologia. Essas características são desenvolvidas por Weber nos seguintes termos, no que tange à gênese da cidade ocidental:

> Os cidadãos urbanos então usurparam o direito de dissolver os laços da dominação senhorial — e esta foi a grande inovação, de fato a inovação revolucionária das cidades medievais do Ocidente face a todas as outras — a quebra do direito senhorial. Na cidade centro e norte-européia originou-se o conhecido dito: "o ar da cidade liberta".

E, mais ainda:

> As diferenças de *status* desapareciam na cidade — ao menos até onde significavam a diferenciação ordinária entre liberdade e falta de liberdade (idem, p. 742).

A ruptura da dominação tradicional, em sua variante feudal, origina, portanto, um *status* político administrativo particular da cidade ocidental, ensejando uma situação na verdade aberrante nos quadros da tipologia das formas de dominação reconhecidas por Weber. Deve ficar claro aqui que "dominação" não significa meramente a "autoridade" de uns sobre os outros, mas sim uma "relação de homens dominando outros homens" mediante o exercício legítimo da violência (Weber, 1919a, pp. 97ss). Enquanto ele falava de três tipos de dominação — tradicional, carismática e racional-legal —, a cidade escapara de todos eles. Ademais, enquanto Weber postulava uma alternância entre dominação tradicional e carismática — que fornecia, por intermédio de um *indivíduo* de qualidades extramundanas (Weber, 1921-22, parte I, cap. 3, e pp. 140ss e 654ss), o mecanismo principal de mudança da esmagadora maioria das sociedades humanas —, em parte ao menos substituída por mudanças paulatinas, quase de caráter sistêmico, já no contexto da dominação racional-legal, a cidade surgira de um *movimento coletivo* que levara a uma forte democratização social e política. Exercera-se, desse modo, uma *criatividade coletiva* que, nessa conjuntura específica, constituíra-se no *mecanismo da mudança social* — sem que faça recurso nem a uma personalidade carismática nem à racionalidade burocrática da crescente adequação de meios a fins.[3]

O *status* legal dos habitantes da cidade, emancipados que eram dos laços feudais, seria igualmente peculiar ao Ocidente (Weber, 1921, p. 737). As conjurações (idem, pp. 750ss), a "fraternidade jurada", a associação, em guildas ou em entidades semelhantes, de indivíduos livres dos clãs e das castas (idem, p. 753), ao contrário do que se passava no Oriente, era elemento central na constituição da cidade ocidental. A progressiva individuação dos sujeitos sociais fora decisiva para

---

[3] Ver Domingues (1999a), cap. 2, para uma discussão dessas questões, com referência também a Weber, porém nos quadros de uma conceituação mais geral. As questões que se colocam para a tipologia da *ação* em Weber serão tratadas ao final deste artigo.

essa configuração, que culminou na "congregação cristã", uma "associação de crentes individuais" — o cristianismo contribuíra inclusive para a dissolução dos clãs (idem, pp. 744 e 746).[4] Isso conformava uma comunidade da qual, aliás, os judeus eram excluídos. Ademais, Weber (idem, pp. 739ss) localiza no desenvolvimento dos mercados urbanos uma contribuição fundamental para a dissolução dos laços feudais e para o aparecimento do indivíduo livre. Weber se insere aqui numa larga tradição do pensamento alemão, com raízes originais no conservadorismo romântico, segundo a qual o indivíduo não é um dado, mas surge progressivamente na história. Por outro lado, o direito sofrera particular desenvolvimento, criando uma comunidade em que sujeitos iguais se irmanavam (idem, pp. 743, 748-9 e 752). Assim, em primeiro lugar, não há ainda um "desencantamento do mundo", em que culmina a racionalização do Ocidente, em virtude da qual os indivíduos não conseguem mais compartilhar um destino significativo comum (Weber, 1919b). O *outro* da cidade medieval não é (ainda) o *outro* da ética protestante, ao qual se trata como um igual que se acha, contudo, inteiramente separado (Weber, 1904-5; Nelson, 1969); o *outro* da comunidade da cidade medieval insere-se numa constelação de interesses significativa, mediada pelo cristianismo. Isso se liga, evidente-

---

[4] Mann (1986), pp. 301ss, 397-8 e 412, postula na concepção de indivíduo do cristianismo — e não no "ascetismo mundano" do protestantismo — o elemento que, ao energizar os empreendimentos humanos, diferenciou afinal o Ocidente do Oriente. Desenvolvida em discordância explícita com as teses de *A ética protestante e o espírito do capitalismo* (Weber, 1904-5), essa concepção se assemelha, contudo, a argumentos de outras passagens da obra de Weber, nomeadamente em parte aos de *A cidade*.

mente, a um desenvolvimento das relações de poder e a suas características, bem como a um desenho específico dos interesses materiais.

Vemo-nos aí, uma vez mais, diante da "diferença decisiva" entre a cidade ocidental e sua quase congênere no Oriente. Na primeira, não havia controle de uma administração tradicional voltada para os interesses de uma associação política mais ampla, que transcendesse e subordinasse a própria dinâmica da cidade. O próprio direito urbano apresentava uma universalidade e proceduralidade que demonstravam sua racionalização — a qual correspondia diretamente à dinâmica da cidade, contra o patrimonialismo com que disputava sua autonomia (Weber, 1921, p. 752). No Oriente, em contrapartida, a centralização patrimonial levou à separação do soldado dos meios da guerra (Weber utiliza-se, assim, a exemplo do que faz com sua discussão da burocracia racional moderna, de um empréstimo feito a Marx e à sua teoria da expropriação econômica capitalista, para evidenciar como a concentração de meios facilitadores da ação reduz o poder social daqueles que se vêem deles privados). No Ocidente, o fato central é a existência de *cidadãos auto-armados,* o que inverte aquela relação de poder: agora é o soberano que se vê dependente do poder de seus próprios subordinados (idem, pp. 756-7). A "dominação não-legítima" tem suas balizas mais fortes definidas precisamente por essa situação — com o que, aliás, se evidencia que dominação legítima não implica apenas um processo hermenêutico de aceitação de uma posição de subordinação, mas também situações de desigualdade e desequilíbrio de forças de caráter bastante material, ao menos em certo número de situações.

Se nos lembrarmos ainda de sua definição de Estado, que podemos aproximar da "dominação racional-legal", como aquele tipo de poder político que detém legitimamente o monopólio dos meios de violência em um dado território (Weber, 1919a, p. 102; 1921-22, parte I, cap. 3), vemos o quão peculiar fora a situação da cidade no período medieval europeu. Tão peculiar que acontecera apenas porque os "potentados rurais" não possuíam ainda um quadro administrativo capaz de garantir seus próprios interesses econômicos nas cidades (Weber, 1921, pp. 803-4). O Estado patrimonial que em seguida surge no cenário histórico europeu tolhe, enfim, a autonomia das cidades (idem, p. 790), levando ao eclipse do correspondente histórico-concreto do tipo ideal de cidade construído por Weber.

A cidade tem, enfim, como característica constituir-se em elemento decisivo do processo de racionalização vivido pelo Ocidente (Freund, 1982, pp. 11-2). A estratificação social era, segundo Weber (1915a, p. 330), determinante no processo de racionalização, ao condicionar os valores a ela subjacentes. Em conexão com isso, em outro texto seminal, captando contudo apenas um aspecto do processo de racionalização, Weber sugere que

> A tendência para um racionalismo prático na conduta é comum a todas as camadas cívicas; é condicionada pela natureza de seu modo de vida, muito despregado dos laços econômicos com a natureza. Sua existência total baseou-se em cálculos tecnológicos e no domínio da natureza e do homem, por mais primitivos que fossem os meios à sua disposição (Weber, 1915a, p. 328).

Uma diferença radical separa a cidade da Idade Média de todas as outras, inclusive da cidade antiga, pois a primeira era a cidade "terrestre dos artesãos", orientada "(...) para a aquisição por meio da atividade econômica racional". O homem da Idade Média fora um "*homo oeconomicus*" (Weber, 1921, p. 805). A "fraternidade jurada" inclusive se fixara em oposição à dominação tradicional em função dos interesses econômicos dos habitantes da cidade (idem, p. 753). A própria possibilidade de ascensão da servidão à liberdade, por meio da aquisição monetária, consistira em política deliberada dos burgueses do Ocidente, visando, por meio de todos os recursos, inclusive com estímulo à migração, o enriquecimento da cidade (idem, p. 743).[5] Nesse sentido, Weber (idem, pp. 796ss) sublinha que na antigüidade as classes baixas reuniam "decaídos", sendo o círculo eleitoral baseado no princípio territorial; no Ocidente medieval, em compensação, as classes baixas compunham-se de artesãos pobres, constituindo-se o círculo eleitoral a partir de guildas de artesãos (em que todos se juntavam), embora se deva também assinalar uma ascensão de "notáveis" e a diferenciação de riqueza na cidade (idem, p. 743).[6] Mas enquanto na Itália (idem, pp. 757ss e 775ss), particularmente, as famílias que formavam um patriciado (que

---

[5]Não se confunda, no entanto, essa estratégia medieval com o capitalismo que se desenvolveu posteriormente, inclusive no que tange às coletividades em que ao menos em parte se assentou. As guildas uniam concorrentes; as seitas protestantes, companheiros crentes. Aquelas se colocavam contra o *ethos* capitalista e a diferenciação de seus membros, levantando, nesse sentido, óbices à individuação; estas favoreciam o sucesso capitalista como prova de valor e estado de graça, estimulando impulsos individualistas ligados inclusive à propaganda e ao prestígio da seita. Cf. Weber (1906a), pp. 369-70.

[6]Ver também Freund (1986), p. 14.

não derivava sua riqueza de sua própria produção) mantiveram em grande medida controle sobre a vida política urbana — a despeito da emergência do *popolo*, poder plebeu dentro da cidade —, no norte, como vimos, uma maior democratização teve lugar.

Ele aponta, na verdade, nessas passagens, para duas formas de racionalização: uma instrumental, derivada de interesses econômicos; e uma outra, no plano da moral e das instituições legais, que permite desabrochar o direito burguês da igualdade (sobretudo civil, mas em parte também política) e uma mentalidade universalista diante dos indivíduos; entretanto, secundariza esta última, sobretudo em termos de seu potencial de desenvolvimento, espelhando assim conclusões que se encontram em outras passagens de sua obra, que se relacionam ao desdobramento dos processos de racionalização do Ocidente. Sua concepção geral nos permitirá, todavia, avançar para além dessa constatação.

O TIPO IDEAL E A CIDADE

Vejamos agora os principais elementos do ponto de vista metodológico de Weber.

Como se sabe, a significação cultural e o sentido da ação são centrais para sua concepção:

> A premissa transcendental de qualquer ciência da cultura não reside no fato de concedermos *valor* a uma civilização determinada ou à civilização em geral, mas sim na circunstância de sermos seres civilizados, dotados da capacidade e da von-

tade de assumirmos uma posição consciente face ao mundo e de lhe conferirmos um sentido (Weber [1904a], p. 61 — o grifo é meu).

A própria tipologia da ação que Weber apresenta nas páginas iniciais de *Economia e sociedade* se baseia nessa constatação quase axiomática. A "ação racional-com-relação-a-fins" (instrumental), a "ação racional-com-relação-a-valores", a "ação tradicional" (que se localiza no limite da ação social, por implicar rotina e perda de intencionalidade) e a "ação afetiva" (que transborda os marcos do caráter social da ação, por não ser significativa) são pensadas de acordo com aquele postulado. Mas Weber não se rende à intuição ao definir o método compreensivo: é na "relação" manifesta — e, por isso, captável empiricamente entre sujeitos sociais — que o pesquisador deve focalizar sua atenção, de modo a capturar o sentido que emprestam a sua ação. Relações estas que ele define como de *dominação* (Weber, 1921-22, cap. 1).

Como faz notar Cohn (1979, p. 80, 88 e 128), trata-se, de um lado, de constatar empiricamente a regularidade do comportamento individual em face de determinado tipo de questões; mas isso não esgota o problema, uma vez que ainda "(...) precisamos ter condições para uma 'reprodução interna' da motivação dessas pessoas". Os "tipos ideais" permitiriam precisamente isto, por não se contentarem com o caráter externo dos fenômenos, buscando compreender os valores que impulsionam a ação. Recorro novamente a Cohn para uma interpretação sintética e profunda do processo através do qual Weber chega à formulação desse modo de conceituação:

O tipo ideal é um conceito fundamentalmente *caracterizador*. Ele não se aplica aos traços médios ou genéricos de uma multiplicidade de fenômenos, mas visa tornar o mais unívoco possível o caráter singular de um fenômeno particular. Seu princípio básico é genético: tais ou quais traços da realidade são selecionados e associados no tipo na estrita medida em que a ordem de fenômenos a que ele se refere é significativa para o pesquisador, porque permite formular hipóteses acerca da influência causal sobre o modo como se apresentam contemporaneamente certos valores a que o pesquisador adere; em suma, trata-se de examinar a *responsabilidade* histórica do tipo em face daquilo que importa ao pesquisador.[7]

Vale lembrar que o posicionamento metodológico no campo weberiano implica, se rigorosamente seguido pelo pesquisador, a construção de tipos ideais de acordo com seus valores individuais. O que não lhes cancelaria o valor científico, na medida em que é a possibilidade de análise lógica e de demonstração empírica que os faz compreensíveis inclusive para um "chinês" — embora os "imperativos éticos" deste fossem obviamente distintos dos de um europeu (Weber, 1904a).

O conhecimento científico não pode decidir sobre os fins. Sua esfera de alcance se define de acordo com as possibilidades e tarefas que se seguem: a) estabelecer claramente os axio-

---

[7] Uma abordagem recente do problema dos tipos ideais encontra-se em Kalberg (1994); observações metodológicas adicionais encontram-se em Domingues (1995a), cap. 6. Em particular levanto ali o problema da homogeneidade suposta quanto à realidade subjacente ao tipo ideal, sobretudo quando o que se quer captar apresenta alto grau de heterogeneidade; é claro, isso deve ser referido também a seqüências históras reconstruídas ideal-tipicamente.

mas de valor em oposição; b) deduzir as conseqüências de uma tomada de posição avaliadora; c) determinar as conseqüências práticas levando em conta: 1) que sua realização se liga a determinados meios; 2) quais conseqüências subsidiárias não desejáveis são inevitáveis (Weber, 1917, pp. 143-7).

Em suma, são essas as perspectivas básicas pelas quais se orienta Weber: devemos perceber a história, do ponto de vista do conhecimento científico, por um viés compreensivista, tentando captar — não em sentido psicológico — o significado da ação social; o que é factível precisamente porque podemos, da mesma forma, emprestar significado, sentido, a nossa ação. O tipo ideal se constrói, destarte, pela seleção de traços, como uma abstração orientada pelos valores do pesquisador, estabelecendo-se então um conceito que, segundo Jaspers (1932, p. 129), serve de medida do real, do qual podemos nos aproximar cognitivamente. Algumas outras questões devem ser, contudo, consideradas para que completemos nossa avaliação do tipo ideal.

Existem aqueles tipos ideais mais propriamente sociológicos, gerais, e aqueles que se referem a "individualidades históricas". Se ambos têm caráter genético, é mister frisar que são mais ou menos saturados de historicidade (Cohn, 1979, p. 132). Os tipos ideais vazios do ponto de vista histórico seriam exemplos característicos do primeiro — embora ocorram concretamente em coordenadas espaço-temporais distintas. O tipo ideal de cidade seria exemplo máximo do outro procedimento. Cabe perguntar, no entanto, se a idéia de "dominação não-legítima" deveria ser incorporada, como seu anverso, aos tipos ideais de dominação; ou se deveria ser relegada, como efetivamente o faz Weber, a mero acidente histórico, a uma "individualidade histórica" não generalizável — e assim cognoscível somente por intermédio de um conceito geral negativo, uma "categoria residual" —, pois circunscrita ao espaço-tempo específico da urbe medieval norte-européia. Acontece que Weber apostava no conceito de dominação como expressão de um fenômeno universal. A influência direta aí, em contraposição ao marxismo, seria Nietzsche (cf. Fleischmann, pp. 180-1). Com isso, Weber assume uma visão "realista", desencantada, com o que rompe com os limites do liberalismo na análise da própria sociedade, em particular a da Europa sua contemporânea, ao ir além do aspecto formal da igualdade. Por outro lado, todavia, não só resgata de modo geral a idéia de sujeito, na qual repousariam os princípios de autonomia e liberdade tão essenciais para aquela doutrina, ao menos em suas versões mais otimistas (Cohn, 1979, p. 138), como vai mais longe: em *A cidade*, ele constrói um tipo ideal que se baseia numa racionalização do direito, da moral e das interações sociais, que ultrapassa, num formato radicalmente democrático, a própria idéia de dominação. Nesse caso, como em geral, a seleção de traços, orientada de acordo com seus valores, de que se utiliza para construir o tipo ideal, só se autoriza precisamente porque eles refletem a realidade empírica em si. *A cidade* coloca-se, com isso, nos limites da teoria geral, e Weber, conjurando uma tensão que se patenteia intrínseca, e nesses termos quase insolúvel, chega aos limites de seu quadro conceitual.

No que tange à história, é preciso também observar os cuidados metodológicos manifestados por Weber:

Porque se pode construir tipos ideais do *desenvolvimento* e tais construções podem ter um valor heurístico muito considerável. No entanto, surge neste caso o perigo iminente de que se confundam o tipo ideal e a realidade (Weber, 1904a, p. 93 — tradução modificada).

Esse perigo espreita em particular quando o tipo tem de ser ilustrado mediante a seleção de material empírico, com o que o saber histórico pode colocar-se a reboque da teoria, correndo-se ademais o risco da (con)fusão entre os dois; o desenvolvimento assumiria, portanto, o aspecto de "necessidade de uma lei" (idem, p. 95). As conseqüências dessa tomada de posição e como se realiza sua aplicação de fato serão revisitadas adiante.

Enfim, observemos que se a ciência para Weber possui caráter eminentemente crítico, ela nada pode em face da definição, profundamente irracional, dos "ídolos" da espécie humana, individualizados ao extremo, sobretudo na modernidade; nem muito menos contra a "jaula de ferro" em que a racionalização instrumental, da qual a dominação racional-legal é uma faceta decisiva, nos aprisionara (Weber, 1919b, p. 178). A ciência não teria, portanto, em hipótese alguma, papel transformador crítico ou de orientação axiológica dos sujeitos sociais. À crítica pode suceder-se apenas a apropriação, dentro dos limites estritos da idéia de meios e fins, dos acertos factual-analíticos dos cientistas sociais, por parte dos atores leigos, ou a resignação daqueles, impotentes em face dos desenvolvimentos de um mundo que não se molda a seus possíveis desígnios e valores. E, como anteriormente já apontado, a jaula de ferro da racionalização instrumental e a dominação racional-legal estavam entre os prospectos mais inabaláveis da modernidade, segundo Weber.

RACIONALIZAÇÃO, LIBERDADE E CRIATIVIDADE

São conhecidos os receios de Weber *vis-à-vis* o futuro do Ocidente, numa postura que Mills e Gerth (1946, p. 92) chamaram de "pessimismo defensivo quanto ao futuro da liberdade". Weber é explícito nesse sentido:

> Frente a tudo isso, os que temem constantemente que no futuro democracia e individualismo em demasia possam existir, e muito pouca autoridade, aristocracia, estima pelo cargo ou coisas semelhantes, devem acalmar-se. Já se tomaram muitas medidas para fazer que as árvores do individualismo democrático não subam até o céu (citado em Wright Mills e Gerth, 1946, p. 91).

As revalorizações da política, do carisma, da vocação são conhecidas, dentro de seus limites elitistas, na obra de Weber. O desencantamento do mundo, o individualismo econômico extremo e, em particular, a burocratização, face saliente do processo de racionalização que talhava a sociedade ocidental, o desgostavam. O tom pessimista é claro:

> Precisamente, os valores últimos e mais sublimes retiraram-se da vida pública, seja para o reino transcendental da vida mística, seja para a fraternidade das relações humanas diretas e pessoais(...) Se tentarmos construir intelectualmente

novas religiões sem uma profecia autêntica, então, num sentido íntimo, resultará alguma semelhante, mas com efeitos ainda piores. E a profecia acadêmica, finalmente, criará apenas seitas fanáticas, mas nunca uma *comunidade* autêntica (Weber, 1919b, pp. 182-3 — grifo meu).

Weber refere-se aí ao impasse que, acreditava, vivia a sociedade ocidental. A racionalização, o desencantamento do mundo, o individualismo econômico, com uma atomização social que teria como corolário a superposição de uma burocracia todo-poderosa ao tecido social, levavam à desagregação da comunidade humana — nada restaria, enfim, de significado comum. E a ciência, observava ele resignadamente, nada podia fazer diante disso, a não ser avançar uma crítica que, por sua própria natureza, não tinha eficácia política. A liberdade e a autonomia, os valores constitutivos da visão axiológica de Weber, encontravam-se, portanto, esmagados, pois privados de seus pilares sociais. E, nesse sentido, seria ridículo e desonesto que os intelectuais acadêmicos pretendessem substituir os verdadeiros profetas, tentando assim escapar do "destino de nossos tempos" e das "exigências do momento"; isso equivaleria a renunciar à virtude única da ciência — sua "integridade intelectual". A volta às igrejas era possível, mas nos condenaríamos aos dois mil anos de errância dos judeus se ficássemos à espera de novos profetas — não há profeta ou salvador hoje, o único que seria capaz de libertar-nos de nosso fardo e dar resposta às lutas entre os múltiplos valores e ídolos (idem, pp. 173-180).

A cidade configurara-se como espaço da liberdade e da autonomia precisamente porque floresceu em um momento muito peculiar no desenvolvimento histórico do Ocidente. Estava inserida em um contexto feudal, já em si contratual, estabelecendo-se um contrato de liberdade entre seus cidadãos — que formavam uma *comunidade* em todos os planos, inclusive em termos de significação cultural e sentido da ação: a defesa da liberdade compartilhada de iguais. Escapara, com isso, paralelamente à sua inserção na tessitura contratual do mundo feudal, da lógica da dominação que o estrutura. A cidade constitui-se em momento absolutamente singular da história universal: estabelecera uma autonomia em face dos estamentos dominantes no contexto societal global do feudalismo, tornando a dominação tradicional "não-legítima". Ao mesmo tempo, desabrochara em um momento anterior ao desenvolvimento do Estado patrimonial, o qual levou à sua subordinação, à dominação racional-legal e, afinal, à perda daquela oportunidade histórica única de realização da liberdade. O credo coletivo da urbe, por seu turno, tecera uma comunhão entre os cidadãos, sem que, por outro lado, se rompesse a efetiva esfera de autonomia de cada indivíduo, malgrado a profundidade já significativa da racionalização da conduta no que tange às questões econômicas. Além disso, a ação social não perdera seu sentido coletivo. Por isso, podemos dizer que a cidade é um exemplo extremo dos tipos ideais historicamente saturados que discutimos anteriormente. Tipo este construído, precisamente, a partir dos valores de autonomia e liberdade que Weber assumira do "(...) liberalismo humanista e cultural de preferência ao liberalismo econômico(...)", do qual Schiller foi figura central (Wright Mills e Gerth, 1946, p. 93). Valores estes que Weber via como de algum modo subjetivamente compartilhados pelos seres urbanos do medievo. Talvez fosse possível problematizar a descrição e a idealização que Weber faz do igualitarismo e da liberdade do cidadão da cidade medieval. Os traços gerais da racionalização da moral e do direito num sentido igualitário e democrático no desenvolvimento da cidade medieval norte-européia não seriam, contudo, desqualificados por isso; nem muito menos se faz menor a importância que a descrição de Weber da cidade e sua conceituação sobre ela podem sugerir em face do conjunto de sua obra.

Não quero dizer com isso que Weber percebesse a possibilidade de inexistência da dominação. Para além do pessimismo por assim dizer "conjuntural", ligado a seu diagnóstico da modernidade, era arraigada sua convicção de que a dominação consistia em fenômeno universal.[8] A cidade norte-européia medieval, portanto, era fenômeno específico e, no mínimo, raro — não cabia em suas conceituações *transistóricas*. São conhecidos seu nacionalismo e suas propostas para a reforma liberal do sistema político alemão, durante a Guerra e, posteriormente, já na República de Weimar, não para superar, porém para *aperfeiçoar a dominação racional-legal*. Ele visava conjugar a burocracia moderna crescente com uma democracia plebiscitária, que possibilitasse um renascimento controlado de uma liderança carismática e cesarista e de certa significação social coletiva, muito longe ademais de qual-

---

[8]Sabe-se, entretanto, que Weber chegou a pensar e expor publicamente um quarto princípio de legitimação — a "legitimação democrática", discutido em direta conexão com o desenvolvimento da cidade medieval. Todavia, isso acabou abandonado pela idéia de transformação do carisma, agora articulado à "democracia plebiscitária". Cf. *Neue Freie Press*, n.º 19102, 26 de outubro de 1917, p. 10 — citado in Schluchter, 1988, p. 473. Ver também Weber (1921-2), p. 156.

quer perspectiva próxima ao socialismo (uma vez que este tenderia inclusive a reforçar a tendência à burocratização); partidos liderados por líderes genuínos poderiam atuar como contrapeso à "jaula de ferro" (por exemplo Weber, 1918, pp. 1.449-59; 1919a, 125ss).[9] Se focalizamos *A cidade* e colocamos Weber em relação às tradições do pensamento político (cf. Habermas, 1992, pp. 360-1), é factível, contudo, sugerir que ele até certo ponto ao menos cultivava simpatia, temperada por sua sensibilidade histórica em particular no que tange ao papel da religião, pelos valores do republicanismo, mas situava sua validade no passado: a autodeterminação, a construção da opinião e da vontade do cidadão foram os meios com os quais a sociedade como uma totalidade política se constituiria, pondo sempre em xeque o poder do Estado. A emergência do absolutismo, como vimos, daria um basta a essa prática da cidadania. Com o que, *vis-à-vis* o presente, Weber supunha, em contrapartida, a validade de um liberalismo que reconhece o papel específico do poder de Estado, já marcado ademais por um realismo que crê na inevitabilidade da preeminência das elites nas democracias de massa (cf. Avritzer, 1996, cap. 1). A resignação científica diante da perda da ci-

---

[9] Ver ainda Giddens, 1971, pp. 180-1 e 190; e Mommsen (1981), pp. 24-5, 28 e 30ss. De todo modo, a perspectiva apontada por Bendix (1960, pp. 370) teria que ser ao menos matizada quando pinta um retrato de um Weber que enxergaria, inserindo-se em uma tradição hegeliana, a sociedade como "objeto de governo". A influência de Nietzsche, destacada por Fleischmann (1964) e Cohn (1979), deve ser levada em conta nesse sentido também. Em relação à perspectiva de Giddens (1971, p. 180), de acordo com a qual a democracia implica os critérios universalistas que caracterizam a burocracia moderna, tanto do ponto de vista da ação quanto do recrutamento de pessoal, deve-se enfatizar que a democracia da cidade era tão decisiva para Weber exatamente porque *dissociava* esses dois elementos.

dade medieval tinha como contrapartida o realismo na ação política, com aquela oferecendo uma perspectiva da melhor forma de articular meios e fins num contexto de possibilidades muito estreitas.

Entretanto, tal diagnóstico, por mais duras que sejam de fato as limitações da modernidade, só se sustenta inteiramente sobre as bases de um duplo raciocínio: o primeiro, já sublinhado, sobre a inevitabilidade universal da dominação — com o que a cidade se coloca como aberração factual, caso-limite, "categoria residual" no pensamento de Weber; o segundo sendo aquele que implica a inevitabilidade histórica dos processos de racionalização, em particular do processo de racionalização instrumental que enfim caracterizaria a individualidade histórica ocidental —, em outras palavras, conjurando ao menos implicitamente um forte elemento de teleologia histórica, cujos supostos são extremamente discutíveis em si, e tornados ainda mais problemáticos pelo próprio Weber, a despeito de outras pistas surgirem em seus próprios escritos, *A cidade* inclusive. Aqui a questão é complexa ao extremo e não tenciono mais que esboçar as direções que suponho poderia tomar.

Uma leitura de sua obra marcada pelo estruturalismo genético derivado de Piaget e por uma teoria dos sistemas desdobrada de Luhmann — ambas fortemente teleológicas — tem-se feito muito influente recentemente. Habermas (1981, vol. 2, caps. IV.1 e VII.1), que apresenta uma visão *universalista* da evolução social, evidenciou que Weber cabalmente demonstrara o desdobrar de dois processos distintos de racionalização: um instrumental, o outro articulado ao desenvolvimento do direito universal e a formas de universalismo moral, em suma "comunicativo", em que a alteridade do outro se funda em seu reconhecimento como um igual (ver ainda Avritzer, 1996, cap. 3). A despeito de propor-se como meramente uma "reconstrução" de uma lógica de desenvolvimento não necessária, muitas foram as críticas a essa interpretação. Schluchter (1979, cap. 1 e p. 133) prefere, retomando o que seria a posição de Weber, tratar uma "história do desenvolvimento" (*Entwicklunggeschichte*) como seqüências ideais típicas, mas de caráter multilinear.[10] Além disso, contudo, as configurações básicas de tipos ideais apresentariam variações mais delimitadas, que de qualquer forma não rompem com as possibilidades presentes nas matrizes mais amplas (como no caso dos conceitos de dominação, por exemplo).

Se a obra de Weber parece desautorizar interpretações efetivamente evolucionistas, sua operacionalização parece destoar um tanto ao menos de seus postulados teóricos, já enunciados. Vimos que ele tratava o desenvolvimento direcional como um tipo ideal apenas. É o que repete ao início da *Zwischenbetrachtung* (1915b, pp. 372-3). Mas sua interpretação dos processos de racionalização nas diversas esferas — os quais seguem, para começar, *todos a mesma direção* — põe em evidência lógicas imanentes de racionalização que nos permitem pensar que certa necessidade, que não deve ser concebida de forma absoluta, resulta do desenvolvimento histórico, como se, uma vez colocados para os homens, certos dilemas exigissem resolução, a qual se dava ademais em duas direções apenas, ascética ou mística. É claro, Weber mostra-se reservado quanto à validade desse esquema em termos

---

[10] Discuti isso em Domingues (1999a), cap. 4.

empíricos, mas sua própria linguagem evidencia grande confiança no significado universal de seus achados (transições que se fazem "regularmente", "imperativos" e "exigências" éticas, "leis imanentes" do capitalismo etc.). Em outro texto, ainda que de novo com reservas, ele aponta para a validade universal da espécie ocidental de racionalismo, que se afirma em *todas as esferas* já diferenciadas da vida social (Weber, 1904b). Uma noção fraca de necessidade anuncia-se também nas conclusões a seu estudo sobre o "ascetismo mundano" do protestantismo. Se não sabemos se estamos condenados a viver na prisão da racionalidade instrumental e do domínio dos bens materiais, após haver o ascetismo se libertado da roupagem religiosa — Weber sugere mesmo a possibilidade do surgimento de novos profetas ou do renascimento de velhas doutrinas —, isso só se verificaria depois que se tivesse chegado ao fim que leva aos "últimos homens", para quem a vida não possui qualquer significado (Weber, 1904-5, p. 131). É como se, teleologicamente (e não somente do ponto de vista metodológico), fôssemos condenados a sofrer a *sina do desdobramento, até as últimas conseqüências, da lógica interna dos processos detonados pelo desabrochar da racionalidade instrumental*. Daí a inevitabilidade da "jaula de ferro", daí sua recusa em vislumbrar desenvolvimentos alternativos para o presente, sua crítica em particular à Revolução Russa e sua aquiescência, temperada pela valorização das lideranças parlamentares, em face da burocracia; daí ainda seu ceticismo quanto a qualquer alternativa ao amor romântico e ao casamento tradicional moderno (Schwentker, 1996). Enfim, que se observe que o processo de racionalização do Ocidente, processo unificador dos diversos fenômenos que essa civilização vivia — até por se articular à dominação racional-legal —, apresenta-se como uma complicação para o que Weber considerava como a autonomia das esferas de existência individual, esferas essas até mesmo em contradição entre si (cf. Cohn, 1979, p. 147). Nem essa ubiqüidade nem a necessidade de expansão ao máximo no desenvolvimento de certos princípios societários de organização parecem-me justificadas nos quadros conceituais da filosofia da ciência weberiana.

Além disso, como tem sido com freqüência observado, a obra de Weber é crivada de ambigüidades, em particular quanto ao papel da razão moderna e do liberalismo (ver Raynaud, 1987, pp. 155ss e 297; Mommsen, 1981). Nesse sentido, sem pretender sugerir conciliações ou soluções fáceis, nem desconsiderando a tragicidade que Weber atribuiu à situação do "homem" moderno, é lícito, creio, salientar os aspectos de sua obra que nos ajudam ainda a pensar o projeto emancipatório da modernidade, e mesmo a possibilidade de abertura para transformações dos modos de vida, mediante até certo ponto uma valorização das formas de solidariedade social, as quais observou operando na própria "cidade". Nesse sentido, ademais, pode-se pensar *A cidade* como um texto que traz à baila, com menos decisão e otimismo, tensões que por outro lado emergem em sua sugestão de campos abertos à *vocação* do político e do cientista, assim como à expressão estética e erótica, a despeito da prevalência da "jaula de ferro" (cf. Souza, 1997a, pp. 112ss). Se, todavia, trata-se, nestes casos, de esperanças e possibilidades que se fraseiam no presente, do universo axiológico embutido na tessitura da comunidade urbana medieval pouco restaria para além da emergência do carisma e da centralidade do parlamento moderno, que serviriam então como contrapeso ao poder da burocracia racional-legal.

Não caberia aqui detalhar essa discussão. Basta observar que o tema da *contingência* se apresenta como crucial para o entendimento histórico-evolutivo das formações sociais humanas nos quadros do conhecimento contemporâneo. A *cidade* parece evidenciar isso de forma especialmente forte, rompendo com os tipos ideais específicos de desenvolvimento e as "necessidades" mitigadas que comparecem aos textos de Weber, visto que é um *tipo peculiar de racionalização* que emerge naquele espaço-tempo específico. Assim, no que se refere à sociedade, mesmo se uma complexificação (que é atravessada tanto por diferenciação quanto por desdiferenciação) social e certos processos multifacetados de racionalização podem ser reconhecidos, desautoriza-se a idéia da inevitabilidade das formas atuais de organização social. Outras alternativas são em princípio factíveis. Com isso, o diagnóstico weberiano da modernidade, em si já matizado pelos argumentos de Habermas (se bem que por outro lado limitado pela unilateralidade do tema da razão, com o que descura de aspectos importantes do pensamento de Weber) (cf. idem, p. 74), tem de ser revisto, senão em seus próprios termos empírico-descritivos, ao menos no que toca a possibilidades futuras, porém *contemporâneas*, de desenvolvimento — tanto em termos analíticos como normativos. A idéia de que uma formação social pode se organizar sem dominação explode inclusive as "configurações" básicas que, como apontei acima, são sugeridas como limites de aplicação dos conceitos por Schluchter: a cidade medieval do norte europeu não se encaixa em nenhuma delas.

Nada impede em princípio que aquela forma de organização societária — em que a dominação apenas lateralmente se colocava — possa ser em alguma medida e em outras conjunturas históricas replicada. Nada nos diz que o será, mas não há por que simplesmente ceder à resignação. Isso, no entanto, coloca problemas para a tipologia das formas sociais gerais — na medida em que a não dominação pode ser conceituada positivamente, e não de forma apenas residual. Os problemas atingem, além disso, a própria tipologia da ação de Weber. Pois, afinal, ela não comporta a atribuição à ação de um caráter criativo, resumindo-se basicamente, em termos de significado, à racionalização e ao tradicionalismo. A reformulação de sua tipologia para incluir, portanto, em todos os casos, a criatividade como um aspecto crucial e permanente da ação não pode ser desconsiderada, sob pena de perder-se um instrumento fundamental para a análise das transformações sociais concretas por que passou e passará a espécie humana. Ademais, evidencia-se a necessidade de repensar os tipos de transformação social postulados por Weber como sendo aqueles produzidos por um indivíduo com qualidades "extramundanas", o líder carismático, ou aqueles sistemicamente administrados por uma burocracia racional. Processos derivados da *criatividade social, contingente*, exercida por *subjetividades coletivas*, devem receber a atenção que merecem, o mesmo sendo verdadeiro no que tange à reflexividade concebida de modo amplo, e não redutível portanto à racionalidade (Domingues, 1995a; 1999a, cap. 3). Afinal, se a mudança histórica não tem direção determinada, ou seja, se ela nem nos garante a liberdade nem nos condena à dominação, é nos processos coletivos de criação de formas sociais que a ação social, em termos individuais e coletivos, assume significado. É, aliás, Weber que nos mostra seu exercício na criação e sustentação da cidade medieval. Sua repetição pode ser talvez mesmo improvável. Isso não quer dizer, contudo, que esteja fora de nosso alcance tentarmos emulá-la coletivamente — ainda que em outras condições e coordenadas sociais, bem como de maneiras distintas.[11] Muito menos que devamos dar como perdidas e impedidas as formas de solidariedade e democracia que "comunidades" podem desenvolver. O pessimismo da análise pode assim juntar-se de algum modo validamente ao otimismo da vontade.

Tudo isso posto, deve-se frisar que Weber não estava de maneira alguma equivocado ao recusar uma apologia da democracia direta, de um republicanismo radical, no mundo contemporâneo, que se poderia descuidadamente derivar de sua descrição da cidade medieval. Nem é disto que se trata aqui, pois acredito serem em grande medida válidas as razões de Weber para essa recusa. Assim, caberia perguntar, à guisa de conclusão, se não é possível ir além da utopia retroativa de *A cidade* e do "realismo" desencantado dos escritos políticos de Weber. O fato de a burocracia ser pervasiva no mundo contemporâneo é incompatível com a democracia e o significado de uma comunidade? Seriam elas, em face da complexidade da vida social contemporânea, realizáveis somente no espaço do "mundo da vida", de uma sociedade civil e de uma

---

[11]Em parte inspirado nas questões levantadas por Weber, tomei a cidade — no caso o Rio de Janeiro da década de 1930 — como cenário privilegiado (embora não como tipo ideal, mas sim tipologicamente como uma "sociedade", cf. Domingues [1995a, pp. 155-6]) para discutir a modernização e a democratização do Brasil neste século. Cf. Capítulo 2 deste livro.

cultura cidadã democrática, que influenciariam de fora, ou no máximo inseririam "sensores" limitadores dentro dos "sistemas auto-regulados" do Estado e da economia, como supõem Habermas (1981 e 1992) e aqueles que se ligam a sua perspectiva (Arato e Cohen, 1992; Avritzer, 1996)?

Não quero aqui retornar aos temas da liderança carismática e da democracia plebiscitária em Weber, nem enfrentar as questões das teorias das elites e da democracia de massas, suas polêmicas com o pluralismo, se bem que me pareça possível de fato pensar uma articulação mais positiva e racional entre lideranças, partidos, movimentos sociais e cidadãos, em particular caso se deixe de lado uma visão um tanto ingênua, pois referida antes à cidadania grega que à moderna, e se encare os *desafios específicos* que emergiram com a modernidade, em sua já longa caminhada (ver Avritzer, 1996; e Thompson, 1995). A questão que quero acentuar passa não só pela necessidade de recriar espaços para o exercício de uma política participativa, mas também pela possibilidade de repensar a articulação entre as esferas privada e pública, com o estabelecimento daquilo que em outros contextos chamei de esfera *social*, constituída no entretecer de redes de solidariedade e participação. Exatamente a complexidade do mundo contemporâneo pode nos propor a possibilidade de uma *rediferenciação* das esferas sociais que abra possibilidades de participação cotidiana que extrapolem os limites rígidos de distinção entre assuntos privados e públicos que hoje se nos apresenta (Domingues, 1999a, especialmente caps. 4, 6 e 7). Se em todas essas esferas, de todo modo, o poder dos especialistas deve se subordinar à vontade e aos desejos daqueles a quem no fim das contas eles são chamados a servir, por outro lado em todas as dimensões da vida social contemporânea há de se compatibilizar relações produtivas entre "peritos" (Giddens, 1990) e atores "leigos", sejam eles "políticos" (no papel de cidadãos ou não, ou de seus representantes) ou simplesmente os organizadores daquilo que mencionei — sem que me seja aqui facultado aprofundar seu perfil — como esfera "social"; as competências específicas dos peritos não devem ser desqualificadas, muito menos demonizadas (o que não quer dizer não serem amiúde problemáticas), em particular se abertas ao escrutínio do público. É o que nos mostram, de forma positiva, estudos sobre processos decisórios governamentais ou sobre organizações da "sociedade civil", como os sindicatos (ver, respectivamente, Reis [1989] e Moraes [1995]).

Aos intelectuais estariam então reservadas duas tarefas importantes, que nada devem a missões proféticas ou a demagogias. Por um lado, capacitam-se enquanto peritos que buscam atuar em áreas delimitadas. Por outro, podem sugerir possibilidades, descortinando novos horizontes; e, de modo a racionalizar desejos e necessidades, ajudar a dar forma a aspirações *coletivas* de camadas mais amplas da população. O que fora, aliás, o papel dos intelectuais nas diversas religiões mundiais (Weber, 1915a), sem que se deva supor, contudo, a necessidade do sentimento religioso para a formação de comunidades autênticas. Se devemos imaginar que o passado poderia ter sido diferente, desvendando suas "possibilidades objetivas" por meio de "experimentos no pensamento" (Weber, 1906b), para o futuro o mesmo se nos impõe: que mundos possíveis podem vir a se constituir, dadas as condições objetivas — amplas ao invés de estreitamente concebidas — em que nos encontramos hoje? Nestas últimas coordenadas, as esperanças e ilusões do Iluminismo dos séculos XVIII e XIX e dos movimentos que, como o marxismo, dele se desdobraram não devem eternamente capturar a imaginação sociológica contemporânea. Com o que talvez não se veria ela polarizada pela melancolia e o "realismo" que parecem caracterizar-se como as duas vertentes da sociologia weberiana.

CAPÍTULO 4 Desencaixes, abstrações e identidades[1]

---

[1]Devo a articulação conceitual que realizo a seguir em parte a demandas de Sérgio Costa e aos debates proporcionados pelo convite de Tamara Benakouche para expor algumas de minhas idéias na pós-graduação de sociologia da Universidade Federal de Santa Catarina, em dezembro de 1998. Versão anterior e ligeiramente diferente deste artigo foi publicada em *Revista USP*, n.º 42 (1999), e posteriormente em Leonardo Avritzer e José Maurício Domingues (orgs.), *Teoria social e modernidade no Brasil* (Belo Horizonte: Editora UFMG, 2000).

INTRODUÇÃO

O tema do multiculturalismo foi extremamente importante para o debate político norte-americano e canadense durante a década de 1990. Na Europa povoada de imigrantes de suas antigas colônias, ele pode vir a desempenhar um papel relevante, o que de fato acontece, em formas perversas sobretudo (conquanto não exclusivamente) em sua região oriental, com o ressurgimento de vários conflitos étnicos. Além disso, Estados étnicos ou multinacionais se acham por todos os quadrantes do mundo. Entre nós, embora se insinue aqui e ali, de modo algum tem sido sua importância comparável. Sem dúvida, o tema do multiculturalismo pode ter e tem tido impacto sobretudo sobre a questão do negro e do racismo. Creio, todavia, que por razões de constituição histórica, que discutirei nas considerações finais deste artigo, tentar uma transladação direta da problemática norte-americana e canadense para o Brasil resulta artificial. É possível entender a questão do multiculturalismo também de um outro ponto de vista, que remete a questões de estilo de vida, opções religiosas, sexuais, do comunitarismo etc., e, nesse universo mais amplo, étnico-culturais, sem contudo a elas se restringir.

Essa será a embocadura deste artigo. Não me furtarei a tocar em questões de ordem política e normativa, o que será realizado em minhas considerações finais, se bem que, em particular no que toca ao tema dos direitos coletivos, tenha de prometer para outra ocasião uma abordagem efetiva, que evitarei aqui; pretendo, no que se segue, sobretudo sugerir alguns elementos explicativos para essa valorização do pluralismo das identidades, naquelas múltiplas e variadas dimensões a que me referi. Retomo aqui reflexões que avancei em outros contextos quanto a esse tema (Domingues, 1999a, cap. 5, e 1999b), buscando articulá-lo de um ponto de vista estritamente teórico, o que aponta para desenvolvimentos que pretendo aprofundar em estudos posteriores. Minha argumentação girará em torno dos três termos que servem de título a este artigo: desencaixe, abstração e identidades.

MODERNIDADE E DESENCAIXE

Recuperando implicitamente sugestões que pinçou em diversos autores clássicos da sociologia, Giddens propôs como um dos temas fundamentais de sua interpretação da modernidade o conceito de "desencaixe" (*disembedding*) dos sujeitos de seus contextos específicos de existência, mais localizados em termos espaciais e temporais. Reformulando o "problema da ordem" hobbesiano-parsoniano em termos do que nomeia níveis de "distanciação do tempo-espaço", Giddens observa que a produção de um tipo de tempo abstrato — articulado ao relógio e ao calendário — e sua desconexão do espaço proporcionaram novas formas de relacionamento social. O controle do "espaço" é crucial para as grandes organizações que caracterizam a modernidade, mas ele foi separado do "lugar", aqueles pontos físicos onde a atividade social é coordenada geograficamente. Em sociedades pré-modernas, espaço e lugar coincidiam em geral e a vida social era dominada por relações de co-presença, por interações face a face. A modernidade alterou profundamente esse panorama: com ela o "lugar" se torna "crescentemente fantasmagórico" e é penetrado por influências muito distantes, que contribuem de forma decisiva para moldá-lo (Giddens, 1990, pp. 18-9). Os processos de "desencaixe" derivam em grande medida dessas transformações, uma vez que elas permitem que os sujeitos lidem de forma muito distinta com suas identidades, e mesmo os obriga a isso.

Para Giddens, são dois os "mecanismos" principais envolvidos com os desencaixes da modernidade (termo que opõe, obscuramente, à idéia de diferenciação funcional): "fichas simbólicas" e "sistemas de peritos". Ambos levam a uma rearticulação das práticas sociais no tempo e espaço. O representante do primeiro é, por antonomásia, o dinheiro, e Giddens aqui clara e explicitamente faz recurso aos textos de Marx e, sobretudo, Simmel, para dar conta de sua conceituação. Do primeiro toma a idéia do dinheiro servindo como "*standard* impessoal" ("prostituta universal"), e do segundo a tese de sua instrumentalidade para a distanciação tempo-espacial. Sua tese reza, enfim, que o dinheiro não funciona como um meio de circulação, ao contrário do que supunha Parsons, mas sim como "(...) um meio para pôr o tempo-espaço entre parênteses ao juntar instantaneidade e adiamento, presença e ausência". No caso dos sistemas de peritos, trata-se de investigar as particularidades dos sistemas técnicos ou profissionais que organizam largas áreas dos meios material e social do mundo contemporâneo. Todas as nossas atividades são organizadas por processos dos quais temos pouco conhecimento (como, de resto, Weber, 1919a, notara com sua tese sobre a racionalização como, de certa forma, um acúmulo de conhecimento disponível para qualquer um, mas não possuído inteiramente por ninguém individualmente), sejam elas aquelas relacionadas à construção de automóveis ou estradas, como sinais de trânsito, sejam atinentes a profissões como a psicologia, a medicina ou a sociologia. Esses sistemas de peritos constituem mecanismos de desencaixe, segundo ele, porque, da mesma forma que as fichas simbólicas, "(...) removem as relações sociais da imediaticidade de seus contextos" (Giddens, 1990, pp. 22-5 e 27-8).[2]

Mais uma vez referindo-se a Simmel, Giddens introduz a questão da "confiança" como central para o funcionamento dos sistemas abstratos, pois a crença em desdobramentos tranqüilos e previsíveis em nossas relações com eles é fundamental para sua vigência social. Aquela crença se baseia, por outro lado, em um "fraco conhecimento indutivo", não teórico, que basta, todavia, para nossa vida cotidiana. Ele argumenta, criticando subseqüentemente Habermas de for-

---

[2] Ele se refere adiante ao "trabalho abstrato" teorizado por Marx (ao qual voltarei em breve), mas não o articula aos temas do desencaixe e sim às instituições capitalistas da modernidade (Giddens, 1990, pp. 61-2), cujas relações com aquele conceito não são tampouco exploradas. A tese da racionalização do saber encontra-se em Weber (1919).

ma direta, que se trata de um equívoco opor a "impessoalidade" dos sistemas abstratos às "intimidades" da vida pessoal, porquanto se acham esses dois universos enlaçados de variadas maneiras. Conhecimento profissional e leigo se influenciam mutuamente através do que antes denominara de processos de "dupla hermenêutica", isto é, a reapropriação contínua dos conceitos produzidos por esses dois grupos de agentes, um pelo outro (Giddens, 1990, pp. 26-34 e 83ss, e 120 e 144).

Giddens vai adiante e introduz um conceito complementar em seu raciocínio: "reencaixe". Com ele quer se referir "(...) à reapropriação ou relançamento de relações sociais desencaixadas de modo a amarrá-las (conquanto parcial e transitoriamente) a condições locais de tempo e lugar", o que implica "compromissos com um trabalho com face" — que conjura confiança em relações de co-presença —, juntamente com "compromissos sem face", estes sendo de cunho extremamente abstrato (Giddens, 1990, pp. 79-80). Giddens desenvolve sua interessante discussão mediante uma análise fina de noções como risco e perigo, as quais não caberia aprofundar nesse contexto, bem como de indicações que retomam discussões anteriores sobre o conceito de "reflexividade", ao qual voltarei mais adiante.

Cumpre agora observar uma certa inconsistência na discussão de Giddens. Qual a relação de fato entre "fichas simbólicas" e "sistemas de peritos"? Por que têm ambos caráter abstrato? Será isso uma coincidência ou derivará esse traço comum de processos subjacentes, os quais, estes sim, deveriam ser mais bem teorizados, não obstante pistas interessantes serem fornecidas pela idéia de distanciação espaço-temporal?

Creio que, de fato, embora sejam muitas as idéias que se podem extrair do texto, breve e ensaístico, de Giddens, falta articulação maior a suas teses. Em particular é preciso perguntar sobre o que exatamente caracteriza os processos de desencaixe da sociedade moderna. O desenraizamento dos agentes de condições específicas de existência é fenômeno recorrente em todas as sociedades. O que justificaria falar-se de "desencaixe" como fenômeno específico? Não me parece que a tese do tempo-espaço ampliado seja suficiente para dar conta desse fenômeno, que nem sequer, ademais, é suficientemente estabelecido por Giddens do ponto de vista empírico, como se evidenciará depois. Outros autores buscaram exatamente realizar essa operação de teorização mais profunda, inclusive no que tange a relações causais, incorrendo, em contrapartida, em teses mais redutivas.

ABSTRAÇÕES REAIS E DESENCAIXES

Marx (1867) é, obviamente, o primeiro cientista social a colocar a questão dos mecanismos de desencaixe de forma articulada e crítica. Ressalta em sua obra o tema da abstratividade gerada pelo desenvolvimento da sociedade humana que culmina no capitalismo, com suas noções de trabalho em geral, de valor de troca, de dinheiro, organizados em um espaço nacional inicialmente, mas ao fim e ao cabo pelo mercado mundial. Claramente aí, como nas teses marxianas e marxistas em geral, é o desenvolvimento das forças produtivas, engendrando determinados arranjos institucionais, que responderia causalmente pelo surgimento daquelas abstrações que, apostava, desapareceriam com o comunismo, uma vez que ao "fetichismo da mercadoria" e à substituição fantasmagórica das relações entre as pessoas pelas relações entre as coisas sucederia uma sociedade formada pela associação dos produtores que se reconheciam como tais. O mercado seria assim sepultado historicamente, deixando de mascarar as relações de exploração e as lutas entre as classes que se escondiam sob o véu do individualismo determinado pela ideologia que regeria a consciência dos agentes na sociedade burguesas. Anteriormente, contudo, ele já notara como o "cidadão", enquanto forma de representação ideológica, de fato escondia os apetites individualistas do burguês que se camuflava sob sua pele (Marx, 1844).[3] Seria Lukács, contudo, que emprestaria preeminência à tese sobre as "abstrações reais", que adquire com Habermas simultaneamente maior amplitude e escopo definido.

Em um dos livros de maior impacto na filosofia do século XX, *História e consciência de classe*, Lukács retomou as questões de Marx, com forte influência de Weber e conhecimento detalhado dos trabalhos de Simmel, filtrando tudo isso através de lentes hegelianas. No que nos interessa de

---

[3] Vale a pena aqui assinalar que se a cidadania, de forma lógica embora não necessariamente histórico-causal, é vista no centro das "abstrações reais", o "fetichismo da mercadoria" não precisa ser compreendido como a substituição das pessoas por coisas, porém antes como o encontro de pessoas no mercado que se tomam umas às outras meramente como seres abstratos, como possuidores de mercadorias. O determinismo econômico de Marx, a despeito de sua suavidade quando comparado ao de outros marxistas, impediu o desenvolvimento deste tipo de intuição (a qual se encontra em Marx, 1844, que apresenta a cidadania e o individualismo burguês abstrato em seu centro).

perto, ele observa ao início de sua discussão que se podia achar "na estrutura do comportamento das mercadorias o quadro original de todas as formas de objetividade" e todas as "correspondentes formas da subjetividade" na sociedade burguesa (Lukács, 1923, p. 257). Em sua independência e universalidade, bem como em sua *igualdade formal*, a mercadoria condicionava o trabalho abstrato, sendo condicionada, outrossim, pelos avanços históricos efetivos desse "processo de abstração". Racionalização crescente queria dizer, nesse caso, através da história (do trabalho manual à cooperação, à manufatura e à maquinaria), uma perda do caráter qualitativo do trabalho. A calculabilidade dos processos sociais, dependente de sua quantificação, era outro aspecto crucial dessa racionalização, impossível sem especialização. Não por acaso a matemática é a rainha das ciências na modernidade. O próprio tempo perderia seu caráter qualitativo, mutável, fluido para se transformar em um *continuum* preenchível por "coisas" quantitativamente mensuráveis. Não obstante consistir em uma fantasmagoria necessária e decisiva para o funcionamento desse tipo de sociedade, baseada na troca de mercadorias, a atomização e o isolamento das mercadorias e dos indivíduos são apenas ilusórios. A essa aparência subjaz uma rígida legalidade do processo econômico que domina, pela primeira vez na história, toda a sociedade e consagra a seus membros um destino comum (Lukács, 1923, pp. 263ss e 266).

Assumindo obviamente a idéia do papel fundamental da infra-estrutura, Lukács observa que a esse desenvolvimento capitalista correspondem um direito, um Estado etc. similares. Isso se dá mediante uma sistematização racional de toda a regulação legal da vida, que avança portanto em busca de tudo englobar, pouco importando se um fechamento lógico do sistema acontece ou se "lacunas" específicas devem ser preenchidas na práxis dos juízes. Cabe destacar, sobretudo, que a "generalidade formal" (*formaler Allgemeinheit*) do direito se liga à sua calculabilidade. Ele se apóia em Weber para asseverar que apenas a modernidade conheceu tal formalismo e sistematização. Esse sistema de direito acha-se aposto como "pronto", "fixado", em face dos "acontecimentos individuais" da vida social, o que ocasiona conflitos entre a lei e o desenvolvimento capitalista. Isso gera o paradoxo de um sistema fixo que, todavia, se vê obrigado a mudar constantemente. Sua independência e reificação assim também se produzem, bem como sua "desatenção para com o concreto". Para ele isso implicava, de modo parelho ao que se vê na economia, e na administração moderna, a passividade — o caráter contemplativo — do sujeito na sociedade burguesa: ele radicaliza então a tese de que não há criatividade possível nessa sociedade (Lukács, 1923, pp. 271-3 e 276).[4] Pode-se dizer com isso que, buscando desvelar e criticar a reificação, o próprio Lukács nela recai, pois não se mostra capaz de identificar possíveis espaços de atividade do sujeito e criatividade da ação individual e do movimento coletivo.

Uma de suas conclusões principais é de grande relevância para este estudo: segundo ele, a "indiferença" (*Gleichgültigkeit*) da forma em face do conteúdo caracteriza a racionalização que se mostra típica da modernidade capitalista (Lukács, 1923, p. 304).

---

[4] A questão do direito acha-se em Weber (1921-22), p. 491.

O texto de Lukács é flagrantemente datado, não só em função de seu caráter redutivo, porém por abraçar também uma perspectiva da racionalização que deve em demasia a Weber. Em particular, é clara sua desqualificação da modernidade, nesse sentido seguindo em grande medida a Marx e a Weber, que não viam com bons olhos aquela abstração e racionalização formal. Entretanto, a análise de Lukács é extremamente feliz ao apontar para o cunho genérico das "abstrações reais" que são tão típicas da modernidade. Ele toma de Marx o tema da mercadoria, mas avança também de modo incisivo na direção do direito e do pensamento burguês como um todo, em seu aspecto formal, não obstante sua derivação da totalidade social das determinações econômicas. O tema do direito inclusive, para além de sua formalidade e sistematicidade, poderia ser desdobrado em outra direção, na própria definição daquele em que todo o sistema se apóia: o indivíduo abstrato, isolado, que, aliás, caracterizava a troca de mercadorias por ele mesmo descrita e conceituada. Lukács descura, assim, de entender o próprio indivíduo moderno — o cidadão —, sujeito, em duplo sentido, da lei. Guardemos isto, contudo, para mais adiante. As reflexões de Adorno e Horkheimer, bem como especialmente o pensamento de Habermas, e a forma com que retomam a problemática de Lukács — transformando-a consideravelmente — serão a nossa próxima preocupação imediata.

Em *A dialética do Esclarecimento*, livro no qual introduziram como um *Leitmotiv* o tema da racionalização formal e da reificação, Adorno e Horkheimer criticaram o programa e as conseqüências do desencantamento do mundo avançado pelo movimento identificado por aquele nome — mas dataram seu início no alvorecer da civilização e na tentativa de controle racional da natureza (interna e externa) pela espécie humana. O "conhecimento" deveria substituir a "imaginação". As "abstrações" consistiam precisamente no "instrumento" (*das Werkzeug*) do Esclarecimento para atingir tal fim (Adorno e Horkheimer, 1944, pp. 7 e 15). O formalismo e o domínio do passado sobre o presente eram resultados típicos deste exercício particular da razão, que se opunha à *Praxis*. A dominação era o culminar da racionalidade instrumental, tanto sobre a natureza quanto sobre os seres humanos, com uma impossibilidade absoluta da razão de lidar com entidades particulares, impressões sensíveis efetivas, aspectos especiais da realidade, que eram subsumidos sob os traços universais abstratos de esquemas gerais ou, em casos extremos, destruídos (com a solução final nazista para os judeus demonstra de forma especialmente chocante, embora não surpreendente de fato). Ao longo do livro, é uma imagem weberiana (bem como freudiana) da racionalização que é apresentada como um processo universal, que prescinde de sujeitos (afora os esforços visando ao controle da parte de um "ego" individual). Marx é aqui uma figura secundária, embora a influência de Lukács, jamais mencionado no livro, seja absolutamente evidente. Ademais, com freqüência eles sugerem uma conexão estreita entre a forma mercadoria e a produção de abstrações, de um modo que evoca o marxismo, sobretudo de fato no capítulo-chave sobre a "indústria cultural" — o qual, como se sabe hoje, foi escrito principalmente por Adorno.

Eles portanto identificaram a razão (não obstante um tipo de práxis de criatividade nunca delineada positivamente) com a racionalidade, o que os levou a uma visão desesperada e desesperançada do futuro. A razão transformara-se em desrazão por meio de sua própria dialética interna e Adorno e Horkheimer não viam nenhuma possibilidade — seja no pensamento seja na vida social — de desbancar seu domínio sobre a paisagem desolada do presente. Foi Adorno quem mais explorou essa temática. Não pretendo traçar o quadro completo de seu complexo pensamento. Particularmente importante a essa altura é lembrar sua afirmação de que se o marxismo era incapaz de lidar com essa situação, de que não poderíamos de modo algum aceitar outrossim as falsas verdades do pensamento burguês: na era da "dissolução do liberalismo", da "sociedade integral", se pensássemos ainda na "sociedade emancipada", na qual o "geral" como "conciliação das diferenças" seria possível, deveríamos denunciar a "má igualdade" produzida pelas condições presentes, no lugar de nos ocuparmos da propagação da idéia da "igualdade abstrata dos seres humanos" (Adorno, 1947, pp. 23 e 130-1). Conseqüentemente, ele enfatizou sua oposição à homogeneização abstrata do "particular" (*das Besondere*) mediante sua "dialética negativa" (Adorno, 1967).

Como se sabe, Habermas tem recorrentemente tentado apropriar-se da obra de seus predecessores, refraseando o que permanece como seu núcleo válido, superando sua patente unilateralidade. Não haveria aqui espaço para uma análise detalhada de sua abordagem daqueles autores. Em vez disso, concentrar-me-ei no que se segue em investigar sua própria perspectiva.

A teoria social de Habermas articula-se estreitamente com a questão da evolução social, uma vez que ele crê mudar o objeto da sociologia — a sociedade — ao longo da história humana. Isso significa em particular que ocorre uma separação entre o "mundo da vida" — espaço da cultura, das instituições e da socialização dos indivíduos, o qual é mediado sempre lingüisticamente — e os "sistemas auto-regulados" — que se diferenciam daquele e, ocupando as dimensões da economia e da política, dispensam a ação lingüisticamente mediada e são coordenados pelo dinheiro e pelo poder. O problema é que, se isso consiste em um desenvolvimento evolutivo normal, ele será distorcido e gerará "patologias" em função de uma expansão exagerada dos sistemas auto-regulados, que avançam sobre o mundo da vida e o "colonizam". Não quero explorar aqui o conjunto complexo e problemático de teses que Habermas tece em ligação com esses fundamentos conceituais (o que fiz já em outras ocasiões — ver Domingues, 1995a, cap. 3; e 1999a, caps. 4 e 7, sobretudo). Concentremo-nos aqui na questão da colonização e nas "abstrações reais".

O alvo de Habermas é em grande parte Marx, para quem, diz ele, o mercado apareceria como mera forma de mascarar a dominação de classe, devendo portanto desaparecer sob o comunismo. Com isso, formas imediatas de relacionamento voltariam a preponderar, dissolvendo a mercadoria, seu caráter "fantasmagórico" e as abstrações reais a ela ligadas, como é o caso do "trabalho abstrato". Habermas recusa terminantemente essa tese, criticando ainda a teoria do valor de forma incisiva e afirmando que a idéia de transformação do trabalho concreto em abstrato implica a perda de "precisão" (*Bestimmtheit*) do conceito de "alienação" (*Entfremdung*). Sua interpretação de Marx é extremamente problemática, em especial por ser guiada por sua própria, a meu ver insustentável, divisão entre mundo da vida e sistema. Faltariam a Marx, estando ele privado daquela conceituação, critérios para distinguir entre a "destruição de formas de vida tradicionais" e a "reificação (*Verdinglichung*) de mundos da vida pós-tradicionais", sem o que não haveria como dar conta de fato dos processos de diferenciação social. Marx sustentaria no fim das contas uma postura *nostálgica*. Além disso, Marx não considera o sistema político-administrativo ao discutir o tema da reificação, restringindo-se à economia. Embora reconheça que Marx de fato vê a diferenciação do Estado e da economia "também" como um processo de diferenciação sistêmica, como quer enfatizar a permanência e irreversibilidade (pode-se dizer sem rodeios — a positividade) daquela diferenciação, Habermas atribui pouca importância a esse reconhecimento (Habermas, 1981, vol. 2, pp. 489ss e 499).

Em contraposição, está a colonização do mundo da vida, que se expressa imediatamente na alienação que se produz na participação política e no trabalho, em especial no "capitalismo tardio", após o estabelecimento do Estado do Bem-Estar Social, na cristalização de um "papel" de "cliente" pelo cidadão e de "consumidor" pelo trabalhador. A colonização do mundo da vida, que produz também a "fragmentação da consciência" dos sujeitos — substituindo a "falsa consciência" de classe —, é eleita o principal veículo da nova teoria da reificação. Mas a "juridificação" da vida social, que corresponde em parte ao deslocamento da integração social característica do mundo da vida para a integração sistêmica, desempenha papel crucial na pintura de Habermas também: se bem que permaneça ligado ao mundo da vida devido a imperativos de legitimação que dependem da cultura e das formas institucionais, o direito crescentemente funciona como um "meio de organização" a serviço dos sistemas auto-regulados, em conjunção com o dinheiro e o poder. Se a própria institucionalização da sociedade burguesa foi dependente dessa juridificação, o Estado do Bem-Estar a aprofunda ao introduzi-la no coração da política social. Isso leva a evidentes e profundos "efeitos de reificação", ao ser o "(...) direito social usado como meio" (Habermas, 1981, vol. 2, pp. 515, 522-31 e 539).[5]

Tudo isso somado e assim posto, o conceito de "abstração real" ganha *status* de questão empírica a ser analisada em profundidade, mediante um "programa de pesquisa" que prescinde inclusive da própria teoria do valor (Habermas, 1981, vol. 2, pp. 548-9). Nas páginas conclusivas de seu livro, Habermas explora alguns temas que se colocariam nessa conexão. Vale observar, no entanto, que a cidadania enquanto tal não é jamais posta em questão em relação às abstrações reais, nem sequer quando ele discute o tema do direito, o que se deve em grande parte a sua inserção do direito em primeiro lugar no mundo da vida, sendo dependente da racionaliza-

---

[5] É curioso que Habermas pareça desconhecer, ou ao menos não explorá-la o bastante, a distinção entre ordem jurídica e direito administrativo, da qual se utiliza continuamente a burocracia do Estado do Bem-Estar. Ver uma análise dessas duas formas legais em Unger (1977), caps. 2-3, *passim*.

ção comunicativa (Habermas, vol. 1, pp. 346ss).[6] Sem dúvida, uma ampliação do escopo do tema se produz com a contribuição de Habermas. Para isso não seria, acredito, necessário nos desvencilharmos da teoria do valor, até porque não temos nada para pôr em seu lugar. Mais interessante seria buscar um quadro explicativo mais genérico, o que Habermas de fato tenta, mas dificilmente alcança. Sem dúvida, a "racionalização" do mundo da vida e sua diferenciação, com o posterior predomínio dos sistemas auto-regulados (Habermas, 1981, vol. 2, cap. 6), visa substanciar uma resposta a esse problema, porém não creio que seja adequada. Isso ocorre não apenas pelo fato de Habermas separar aquelas duas dimensões societais, mas igualmente porque não se esclarece como racionalização, universalização e abstração se relacionam. Além disso, é obscuro como processos internos ao sistema podem ser expressos por categorias do mundo da vida e tomar a forma de "abstrações reais", inclusive antes do processo de colonização — e, presumível e esperançosamente, após ver-se este bloqueado.

Não obstante, é claro, Habermas apresenta uma contribuição decisiva para uma mais adequada equação do problema das "abstrações reais". Não seria, contudo, possível aprofundar esse conceito neste contexto; basta para meus fins o

---

[6]Habermas mais recentemente diminuiu a importância da divisão entre mundo da vida e sistema, inserindo o direito mais plenamente naquele — uma vez que deseja enfatizar a importância de um modelo normativamente idealizado de cidadão e de cidadania na modernidade. No máximo, o direito parece ser um meio que possibilita a "redução de complexidade" no intercâmbio social. Isto no entanto o impede ainda mais de divisar a conexão entre abstrações reais e cidadania. Ver Habermas (1992), pp. 168ss e 397-8, mais caps. III-V e VIII, *passim*.

que foi até agora delineado. Buscarei evidenciar na seção seguinte em que medida e por que essa conceituação nos ajuda a entender melhor o tema do multiculturalismo.

REENCAIXES, IDENTIDADES CONCRETAS E MULTICULTURALISMO

As sociedades humanas conheceram, ao longo da história, processos de desenraizamento que tiveram lugar aqui e ali em muitas ocasiões, pelos mais variados motivos — migrações, guerras, escravidão, a emergência de novos princípios de organização social. Todos eles demandaram a reelaboração das identidades individuais e coletivas dos agentes. O que haveria de peculiar nesse sentido na civilização moderna? O que poderia distinguir o que aí se passa de específico em relação aos desenraizamentos e justificar até a utilização de uma expressão particular — *desencaixe* —, sem que isso se restrinja tão-somente a um rótulo supérfluo? A resposta acha-se presente exatamente em parte no conceito de abstração real que examinamos em Marx, Lukács e Habermas, tema que o próprio Giddens intui também, embora no primeiro caso não tenha articulado de forma abrangente o suficiente (causalmente ou em termos de escopo) a gênese e relações mais profundas das instituições modernas, e no segundo misture sistemas de peritos e fichas simbólicas de modo pouco claro.

As "sociedades" modernas, delimitadas pelos Estados-nação que apareceram na Europa e se espalharam pelo mundo, são formações sociais que recobrem um território relativamente unificado bastante amplo e o fazem por meio de mecanismos de vigilância até então não disponíveis, implicando um nível de intensividade do poder muito elevado. Uma nova configuração espaço-temporal então se estabelece. Ela se tece imediatamente, contudo, com duas categorias fundamentais: o trabalho livre e a cidadania, ambas codificadas juridicamente, por meio das constituições modernas e da ordem jurídica. Com aquela rearticulação do espaço-tempo na modernidade, cujos ritmos ademais se aceleram brutalmente, o desenraizamento de amplas camadas da população tem lugar. O "cercamento dos campos" na Inglaterra, emoldurando a dissolução total dos laços feudais na Europa, evidencia essa "grande transformação". Obviamente, tem lugar aos poucos um reenraizamento dessas populações. Ele se realiza em princípio num plano muito mais abstrato do que antes. Previamente à era moderna, as populações viviam em sua esmagadora maioria uma vida ligada a contextos específicos, como era o caso dos servos medievais e dos artesãos, mas também da nobreza e mesmo em grande medida da burguesia citadina; a exceção a isso eram andarilhos e vagabundos, aventureiros, bandoleiros, e outras figuras semelhantes, minoritárias nessas sociedades e com freqüência em contradição com seus princípios fundamentais. Nascia-se e vivia-se em contextos concretos, com funções sociais específicas, em geral conectadas a locais também particulares. Com certeza havia disrupções desse cenário, em princípio estável e mutável, apenas no desenrolar de processos sociais de ritmo relativamente lento. Aqueles que eram desenraizados por qualquer motivo, conjuntural (como uma guerra) ou dependente de modificações de fundo que se abatiam afinal sobre eles, encontravam reencaixe mais uma vez em condições semelhantes às que precedentemente eram as suas. Um reenraizamento em relações sociais concretas se seguia àquele desenraizamento.

A modernidade alterou isso fundamentalmente. Aqueles primeiros desencaixes lançaram as pessoas em uma situação cujas amarras concretas se enfraqueceram enormemente. O reencaixe imediato que as aguardava agora tinha características muito distintas daquelas que desfrutavam antes: eles agora são meramente trabalhadores livres e cidadãos, seres abstratos, livres e autônomos para circular pelo espaço nacional a seu bel-prazer e vender sua força de trabalho a quem desejassem; não mais súditos, sua relação com o Estado muda também e agora se faz sem a mediação da nobreza, direta e abstratamente concebidos seus direitos e deveres. Em outras palavras, esses novos sujeitos são detentores de direitos civis e políticos, estes últimos todavia universalizados somente ao longo do tempo. Embora o Estado nacional servisse de fronteira para essa abstratividade, o mercado mundial desde o início se colocava como horizonte do trabalho livre. De fato, a cidadania e o direito ao trabalho no plano global não se estabeleceram de modo algum mesmo a essa altura do fim do século XX. Mas a mobilidade internacional crescente do capital, tornando a força de trabalho se não livre para si, ao menos livre para outrem, até certo ponto aguçou esse caráter abstrato do indivíduo na era moderna. Caráter que poderia ser descoberto nas múltiplas faces de sua vida e sociabilidade, a começar pela concepção de homem abstrato e em relação direta com Deus que o protestantismo introduziu no Ocidente. Deve-se observar que, embora se trate de *abstrações*, não deixam de ser *reais*, posto que presidem a tessitura da consciência dos sujeitos e organizam as instituições sociais. Esse movimento básico de reencaixe moderno, que sustentamos outrossim diariamente e sobretudo através da sucessão de gerações que assim recebem sua identidade das memórias das gerações anteriores e da tradição da modernidade, se realiza de forma em princípio muito dispersa. É claro, movimentos políticos coletivos foram necessários para institucionalizar essa concepção. Mas na vida cotidiana é como seres abstratos isolados que, por exemplo, buscamos o pão de cada dia e votamos em eleições. Isso se faz por intermédio do movimento de uma subjetividade coletiva extremamente descentrada, uma vez que em particular essa ideologia burguesa moderna leva as pessoas a assim se conceberem e imaginarem como indivíduos abstratos, atomizados, cuja ação deve prescindir ao máximo dos outros, que nos servem no máximo de instrumento. Reencaixamo-nos sobretudo como membros de famílias nucleares (conquanto estas tenham se tornado a esta altura absolutamente fragmentadas e descentradas), nas quais investimos nossas identidades e afetos, ou como indivíduos ainda mais isolados, que buscam apenas seu próprio prazer. Obviamente, chegamos a uma identidade social bastante uniforme, sem que esse fosse contudo um desígnio premeditado por alguém.

Mas isso não se passou sem que um movimento paralelo tivesse lugar. Na verdade, esse caráter abstrato dos novos reencaixes, em outras palavras dessas novas identidades individuais e coletivas, era insuficiente para dar sentido à vida diária e ao movimento da história em que se viam inseridas. Isso teve como conseqüência novos reencaixes de caráter mais particularizado, mais concretos, que contudo se viram permanentemente em destroços, uma vez que o ritmo vertiginoso da modernidade — que "tudo dissolve no ar" — conjura modificações constantes nas relações sociais e nas instituições, obrigando-nos a recomeçar sempre mais uma vez e a tentar novos reencaixes que recuperem um mínimo de segurança existencial, ontológica. A modernidade põe assim a reflexividade individual e coletiva a trabalhar de forma muito mais acentuada (cf. Wagner, 1994).[7] Duas formas principais, bastante amplas, mas mais concretas de reencaixe tiveram lugar (Calhoun, 1995, caps. 7-8). A nação foi o primeiro foco de nossas preocupações particularistas — para começar, os direitos humanos foram logo transformados nos direitos dos cidadãos de Estados nacionais particulares. A classe social, sobretudo a pertença à classe operária, se colocou também como foco da identidade. Além disso, laços de solidariedade mais local se estabeleceram, em diversas comunidades de trabalhadores, cuja identidade se teceu em lutas contra o capital. As classes dominantes, por outro lado, sempre cultivaram laços sociais fortes através dos quais consolidam sua identidade e domínio. A religião, as diversas seitas e denominações, tem servido de veículo também para a reconstrução mais concretamente orientada de identidades sociais, para além das abstrações reais da modernidade.

A burocracia do Estado do Bem-Estar introduziu novas formas de abstração real. Estas diferem das anteriores em dois

---

[7]Declino de discutir aqui o tema da reflexividade, o que realizei extensamente em Domingues (1999b), caps. 1-2.

aspectos principais — o que, como vimos, não creio ser bem resolvido pela discussão encetada por Habermas. Primeiramente, porque não são em geral urdidas por intermédio da ordem legal, constitucional. São estabelecidas com freqüência por meio do direito administrativo e pelo arbítrio dos membros da burocracia estatal, que assim definem seus públicos-alvo. Isso, aliás, vem de longe, por exemplo no funcionamento do sistema de vigilância e disciplina que se constituiu na era moderna. Diante do sistema judiciário, o sujeito se apresenta como cidadão portador de direitos, que é então castigado de acordo com critérios universalistas, para ser em seguida individualizado — não de forma abstrata — em função de suas particularidades ao ver-se sob o jugo do sistema penal e sua corte de especialistas em punição e regeneração. Ao mesmo tempo, ele que passa a integrar uma categoria coletiva de "delinqüentes", ela também subdivisível (ver, por exemplo, Foucault, 1975, pp. 259 e 292-8). Magnifica-se em muitas outras formas, mais coletivizadas, mas que permitem simultaneamente uma vigilância personalizada sobre os beneficiários do sistema de bem-estar estatal, que implica da mesma forma, em certa medida, um reencaixe identitário. Esse caráter coletivo e mais personalizado compõe, portanto, a segunda diferença das novas abstrações reais do Estado do Bem-Estar *vis-à-vis* a cidadania civil e política *tout court*. Assim tem sido construída a cidadania social. Não obstante todos esses direitos terem sido conquistados ao longo de lutas por vezes ferozes, ao fim e ao cabo uma caraterística é compartilhada por todas essas abstrações reais: elas implicam a passividade do sujeito moderno constituído, que não participa de sua definição cotidiana e não é capaz de emprestar a essas figuras perfil que responda a suas qualidades mais concretas. Aqui nos deparamos com dois elementos da discussão de Lukács que são cruciais, creio, para uma correta compreensão dessa questão. Trata-se da indiferença da forma em face do conteúdo — patente no caso desses reencaixes abstratos — e da passividade do sujeito diante deles, conquanto o registro em que coloco esta última questão seja distinto daquele de Lukács e da práxis revolucionária que ele reivindica como essencial para o conhecimento da realidade social, se bem que a criação dessa mesma realidade, no caso em foco, tenha óbvia relação com quem determina e como se determinam as características dos direitos sociais e como devem ser dispensados.

Antes de voltar mais diretamente à questão do multiculturalismo, gostaria de fazer uma última observação. Ela diz respeito à articulação entre esses dois pares de elementos: universalidade e abstração, concretude e particularidade, tanto no plano histórico (ou seja, no que tange à gênese dessas categorias em termos sociais) quanto em termos lógico-categoriais (no que se refere a formas de consciências ou no que toca a arranjos institucionais). A despeito de discussões recorrentes sobre o tema, pode-se dizer que não é claro na verdade como se articulam os elementos, em particular no caso dos dois primeiros. Será necessário que à universalidade corresponda sempre a abstratividade — em outras palavras, "abstrações reais" —, ou seria possível pensar que aquela só se faz completa à medida que incorpora a si a particularidade dos sujeitos sociais? Esse é obviamente um tema hegeliano, que passa portanto ao largo das preocupações neokantianas de Habermas, cuja obra me parece, nesse sentido, insuficiente, demandando a questão desenvolvimentos posteriores.

MULTICULTURALISMO, TRADIÇÕES E ESTILOS DE VIDA

Em um livro bastante comentado, Kymlicka (1995, principalmente pp. 10ss) focalizou a questão do multiculturalismo sob dois ângulos — o nacional e o étnico. No primeiro caso têm-se "Estados multinacionais", uma vez que se trata de sociedades formadas a partir da incorporação, forçada ou voluntária, de minorias nacionais que antes tinham culturas territorialmente concentradas e desfrutavam autonomia. No segundo, a diversidade cultural é fruto da imigração individual ou familiar e, conquanto esses indivíduos possam em maior ou menor grau buscar o reconhecimento de sua identidade étnica, tipicamente desejam integrar-se à sociedade mais ampla. Como já observei, esse é um tema crucial, que entretanto não pode ser tratado de forma uniforme, como se se apresentasse com a mesma intensidade em todos os países e regiões do mundo. A nação brasileira, forjada por uma assimilação bastante ampla de indivíduos e povos de origens díspares, escapa dos dois tipos assinalados por Kymlicka, não obstante a permanência de diferenças e uma certa heterogeneidade, assim como da reiteração das comunidades étnicas indígenas que hoje por vezes começam a multiplicar o número de seus integrantes. Não somos um Estado multinacional, nem tampouco uma sociedade multiétnica. Sem dúvida, essa é uma afirmação controversa, principalmente se tivermos como interlocutores membros do movimento negro brasileiro, que por vezes demanda um reconhecimento étnico distinto para as populações que de alguma forma têm sua origem ligada ao continente africano. Contudo, sua assimilação à nação brasileira, sem embargo do caráter violento e forçado de que se revestiu, dissolveu em grande medida esse caráter étnico — que, aliás, não era de modo algum homogêneo (ver Domingues, 1993b; Souza, 1997b). No conjunto da população, creio, não se acharia identidade étnica separada.

É certo que as identidades modernas se mostram cada vez mais abertas a um trabalho reflexivo que lhes permite servir a formas múltiplas de reencaixe social e contextual. Elas não possuem caráter essencialista e se apresentam com feição bastante plástica (Costa e Werle, 1998, com referência em particular a esta temática). Entretanto, não creio que seja plausível pensar uma identidade étnica separada para nenhum segmento da população brasileira (exceção feita aos membros das já mencionadas comunidades indígenas). E, por mais que as identidades sociais, individuais e coletivas sejam abertas ao trabalho da reflexividade, esta opera sob condições de *plausibilidade* que estabelecem limites para as *possibilidades* de reconstrução da identidade (Domingues, 1999a, cap. 2). Assim, se a valorização das identidades étnicas tem sido feita de forma pervasiva e muitas vezes radical pelo mundo, com freqüência em conjunção com a acentuação de aspectos religiosos, isso tem tido lugar quando historicamente se mostra plausível — o que é, infelizmente, o caso em muitas sociedades em que isso se desdobra não em formas benignas, ainda que conflituosas de afirmação étnica e/ou nacional, mas sim em desenlaces violentos e mesmo carregados de tragicidade. Não me parece ser esse o caso do Brasil, em função das condições de formação histórica da nação, em que pese a óbvia subordinação dos elementos e tradições de origem africana na cultura e na vida social do país, para não falar das condições de pobreza em que essas populações se mostram como maioria. Além disso, não se deve esquecer que dificilmente são encontradas em estado "puro", com freqüência a miscigenação dos setores sobretudo de baixa renda da população demonstrando que a noção de "democracia racial" é com certeza mais que um mito no Brasil.

Se, contudo, o tema do multiculturalismo é tomado em um sentido mais amplo, englobando crenças e práticas religiosas distintas, aquilo que alguns autores caracterizariam como a tribalização da sociedade contemporânea, a multiplicação de "estilos de vida" distintos, formas variadas de expressão cultural — inclusive de fundo étnico —, o termo se patenteia adequado ao Brasil, não só descritiva como também normativamente. Conquanto a modernidade brasileira se mostre tradicionalmente moderna — tanto institucionalmente quanto no que tange às formas de consciência que predominam no país (Domingues, 1999a, cap. 5), os reencaixes concretos e potencialmente multiculturais que parecem marcar outros quadrantes da modernidade global contemporânea aqui se mostram também como solução em face dos problemas ocasionados pela abstratividade que impregna as instituições modernas e ao declínio ao menos relativo de outros tipos de identidade coletiva (de classe e nacional). A identificação de grande parte da juventude "morena" de Salvador com a cultura caribenha, principalmente jamaicana, é apenas um exemplo expressivo entre outros dessas identificações identitárias por sobre as fronteiras nacionais (se bem que não necessariamente as contradigam de todo e com certeza bebam nas modernas tradições brasileiras). O próprio tema do comunitarismo deveria ser colocado nas mesmas coordenadas, uma vez que ele se apresenta cada vez mais como solução para os dilemas identitários da modernidade avançada, ao colocar demandas de reconhecimento para culturas particulares, sejam elas claramente delimitadas ou seja sua definição mais imprecisa e difusa (Taylor, 1992). Se isso se apresenta como uma problemática que, em sua relação com as limitações do liberalismo individualista, pode assumir um cunho universalizante, o caso brasileiro pode portanto se beneficiar do debate em curso em seus aspectos gerais; mas não seria correto, ao que me parece, tomar o debate exatamente como se apresenta em países de fato multiculturais no sentido nacional ou étnico (como o Canadá, os Estados Unidos, ou a Alemanha contemporânea). Seja como for, a questão dos desencaixes, das abstrações reais e dos reencaixes reflexivos aí mais uma vez comparece, e esses elementos conceituais, os quais explorei anteriormente em maiores detalhes para discutir a modernidade, podem ser extremamente úteis para tematizar a recente emergência do comunitarismo.

Uma nota normativa final. O multiculturalismo pode assumir um aspecto democrático e democratizante, no sentido de permitir que demandas por reconhecimento legítimas se apresentem na esfera pública e passem a pautar o debate e a vida cotidiana das sociedades contemporâneas. Todavia, os reencaixes que são por meio disso buscados podem nos levar a cair nas conservadoras e excludentes "ciladas da diferença" (Pierucci, 1999) ou até produzir resultados desastrosos ao se ligarem a formas exclusivamente particularistas e antagônicas de reconstrução da identidade.

A solução de Joas diante disso vale a pena ser aqui brevemente ponderada, tanto no que diz respeito à análise quanto normativamente. Até que ponto nossos reencaixes assumem "valores" particularistas ou "normas" universalistas, para fazer uso de sua terminologia, é uma questão cuja resolução não é dada *a priori*, e cujas conseqüências, porém, são em contrapartida obviamente decisivas. A partir do pragmatismo de James, Dewey e Mead, e com forte influência da ética discursiva de Habermas, Joas (1997, cap. 10) avança uma solução original para esses impasses. Segundo ele, os valores emergem sempre de forma contingente, a partir de situações concretas e vivências específicas, tendo, portanto, forte elemento particularista. Dentro deles, no entanto, sempre o reconhecimento de outros que compartilham a mesma forma de vida introduz desde sempre um elemento moral se não universalista em princípio, ao menos potencialmente universalizante. Essa intuição pode ser então estendida a outros que não se incluem nesse círculo menor de identificação e reconhecimento; em outras palavras, pode ser universalizado no sentido de chegar ao reconhecimento de nossa humanidade comum, a despeito e em parte mesmo devido ao reconhecimento concomitante de nossas diferenças. O discurso é o meio através do qual isso pode se realizar, pois, proporcionando ocasião e forma para uma definição universalista da justiça, pode levar até à própria modificação dos "bens" (*Guten*) que aqueles valores originalmente haviam estabelecido, o que permite sua definição de forma compatível com os "bens" de outras coletividades.[8]

Aí, creio, se estabelece uma esperança não só de convivência mais respeitosa e democrática das diferenças (multiculturais) nas sociedades contemporâneas, mas também de mudança social no longo prazo, desde que sejam estabelecidas formas institucionais que permitam, e talvez mesmo estimulem, a proliferação de particularidades coletivas sem prejuízo de normas universais democráticas, e na verdade delas dependentes e para elas contribuindo. Nesse sentido, o multiculturalismo é um horizonte reflexivo e prático, o qual todos, inclusive brasileiros, não deveríamos recusar.

---

[8]Devo deixar claro que essa linha de argumento não celebra nem recusa políticas de cota, cuja validade reconheço, sua aplicação devendo ser, contudo, debatida caso a caso.

CAPÍTULO 5 Criatividade e tendências mestras
na teoria sociológica
contemporânea[1]

---

[1]Publicado no *European Journal of Social Theory*, vol. 3 (2000). Gostaria de agradecer a Frédéric Vandenberghe e a Alex Price por seus comentários a uma versão prévia deste trabalho.

INTRODUÇÃO

A sociologia tem conhecido fases diversas nas quais tendências específicas têm prevalecido. No meio da década de 1980, Alexander (1986) apontou para um "novo movimento teórico". Este implicava uma tentativa de síntese de diferentes correntes na sociologia, e era expresso pelo neofuncionalismo, pela teoria da estruturação de Giddens, pela teoria da ação comunicativa de Habermas, pela teoria estruturista da prática de Bourdieu e pela tentativa de criar pontes entre as dimensões "micro" e "macro". Pode-se hoje falar de uma tendência dominante? Alguns autores têm renovado os esforços para produzir teorias sintéticas. É verdade que a cultura, como Alexander observara naquele texto, tem sido uma área-chave para o desenvolvimento da teoria sociológica. Por outro lado, a "virada lingüística" (Bernstein, 1976) veio a penetrar o subcampo em tamanha extensão que tornou quase sem sentido sua designação como uma tendência particular. De forma geral, o campo sociológico parece disperso em termos teóricos.

Entretanto, creio que uma tendência particular tem sido crucial para a teoria sociológica nesta virada de século. Simultaneamente bastante específico e amplo de modo a nos permitir falar de uma *tendência*, ela se refere à centralidade da criatividade, que tem sido um tema de suma importância para grande parte da produção recente. De forma similar ao que ocorreu com o "novo movimento teórico", que se desenvolveu sem um projeto comum entre seus promotores, este movimento vem também se desdobrando teoricamente de forma muito descentrada, sem projeto conjunto ou identidade compartilhadas. É verdade que uma abordagem "cognitiva" parece estar também em ascensão; discutirei sua relação com a criatividade mais adiante neste artigo.

A criatividade apareceu em certa medida nas sínteses teóricas das décadas de 1970 e 1980. Acha-se presente especialmente na discussão de Giddens (1979 e 1984) sobre a reflexividade individual e institucional e a possibilidade de mudança em todo e qualquer momento da vida social. Destaca-se na definição do "*habitus*" em Bourdieu (1980), a qual, a despeito de seu colorido determinista, proporciona também uma arte da invenção para o ator. Ela é crucial, de forma racionalista, na teoria da comunicação de Habermas (1981), implicada por nossa capacidade para atingir novos estágios morais por meio do diálogo. Pode estar igualmente implícita na identificação de Alexander (1986) de uma dimensão não-racional e não-normativa da ação, e talvez ainda em sua preocupação durkheimiana com os sistemas simbólicos e os rituais (Alexander, 1988b, p. 192; Alexander e Smith, 1993).

É claro que a criatividade tem sido aqui e acolá uma questão que emerge na teoria sociológica. Algumas abordagens clássicas tentaram dar conta dela: as transformações de largo alcance via carisma e as transformações paulatinas sob a dominação racional-legal em Weber (1921-22, Parte 1, cap. 3); a "efervescência coletiva" de Durkheim (1912, "Conclusión") como a fonte de novas "representações coletivas"; a dialética de Marx (1842) entre um sujeito (ativo e criativo) e o objeto; o apelo de Simmel (1900, cap. 1) à filosofia da vida para explicar a emergência dos valores. Porém eles não desenvolveram suas idéias com profundidade suficiente. O interacionismo simbólico é explicitamente a corrente que, sob a influência do pragmatismo, talvez tenha posto mais peso na criatividade na sociologia do século XX (Mead, 1927-30; Blumer, 1969). A despeito de proclamações retóricas, o funcionalismo, o estruturalismo, a fenomenologia, a teoria da escolha racional, a teoria crítica da Escola de Frankfurt (exceto por sua crítica à reificação e a leitura utópica de Freud por Marcuse [1955]) etc. não estiveram de fato preocupados com a criatividade. Isso na verdade espelha desenvolvimentos na disciplina da filosofia desde que Kant a confinou ao reino da estética (Markus, 1994). Ademais, a situação era compartilhada por toda a sociologia em suas principais tradições nacionais.[2]

Todavia, a situação se alterou sobremaneira na última década. Em abordagens muito distintas e por vezes praticamente opostas, a criatividade assumiu o centro da cena. Olhando-se mais de perto, torna-se claro que uma outra questão se projeta junto com ela: a contingência, tanto como fator causal quanto como conseqüência, tem estado estreitamente associada à criatividade e à reflexividade.

---

[2] Com seu conceito de "imaginação radical" — que bebe extensamente na noção freudiana de processo primário inconsciente —, Castoriadis (1975) é, por assim dizer, um precursor da tendência que creio ser especialmente importante na sociologia hoje.

Uma inspeção rápida da solução de Parsons para o problema da "dupla contingência" evidencia o ponto. Embora Parsons mal mencionasse a influência que sofrera do pragmatismo e da emergente perspectiva do interacionismo simbólico — apenas Thomas foi aí citado —, é óbvio que *The Social System* lhes deve muito. A interação diádica que se encontra em seu cerne é atravessada pelo que Parsons (1951, pp. 36ss) chama de "dupla contingência" da interação. Ele tinha duas soluções disponíveis. A primeira, que o empurraria para muitíssimo perto do interacionismo simbólico, seria reconhecer a imprevisibilidade da situação produzida pela contingência e, por conseguinte, as necessariamente criativas respostas dos atores sociais. Outra possibilidade era escorar-se em suas preocupações anteriores em *The Structure of Social Action* (1937) — o dito "problema hobbesiano da ordem" — e enfatizar os "padrões culturais normativos" como a solução para a contingência. Esta foi de fato a escolha de Parsons, com o que ele bloqueou uma possível via para o desenvolvimento da teoria sociológica, conquanto advertisse com clareza que toda a construção que oferecia tinha a estabilidade apenas como instrumento teórico. A criatividade nunca foi enfrentada por Parsons. Contudo, o elo entre contingência e criatividade foi destarte estabelecido, ainda que de forma distorcida e negativa (e seria certamente ampliado caso introduzíssemos a noção de "tripla contingência" no lugar da "dupla contingência" — cf. Strydom, 1999a).

Como veremos, os escritos que resenharemos sucintamente levantam algumas questões epistemológicas urgentes. Além disso, ligam-se a algumas questões intelectuais e políticas que concernem à modernidade contemporânea, que são responsáveis pelo fato de que nem a racionalidade nem a normatividade se mostram capazes de abafar o reconhecimento da contingência que se prende a nossos destinos pessoais e à evolução social.

AÇÃO E ESTRUTURA, COLETIVIDADES E TEORIA CRÍTICA

Melucci (1996a) ofereceu recentemente uma elaboração sintética e adequada da criatividade individual ao retomar idéias, em grande medida informadas pelo interacionismo simbólico, desenvolvidas em seu livro de 1991, em italiano, *Il jocco dell'io*. Vivendo em um mundo de "incerteza", as pessoas são continuamente requisitadas a mudar de forma, a realizar uma "metamorfose". Na modernidade contemporânea, na qual o sujeito não possui mais uma identidade estável, isso nos leva, quase paradoxalmente, a uma "busca de" identidade. À medida que estimulam a reflexividade individual de modo a responder a demandas sistêmicas, "sociedades complexas" simultaneamente tentam estabelecer controles mais rígidos. A identidade (para Melucci, um "sistema de relações e representações") é tecida tanto como internalização da cultura quanto como uma de certa forma autônoma autodefinição do sujeito — sendo ela sempre um fluxo de reflexividade, ele fala antes de "identização"; ademais, é sempre produzida nos processos interativos (Melucci, 1996a, pp. 2-3, 30-33 e 145). As coisas se complicam hoje porque vivemos em sociedades extremamente diferenciadas, planetárias, pertencendo a múltiplas coletividades (ver também Melucci,

1989). Esse caldeirão implica quase paradoxalmente a necessidade — que se torna destino — de escolher em face da incerteza. O problema é que precisamos também estabilizar fronteiras para nós mesmos. O trabalho de Melucci é nesse sentido uma análise do *self* individual, e nomes como Mead obviamente vêm à mente. Todavia ele sublinha ainda que a falta de recursos e desigualdades dentro e entre as sociedades põem limites mais frouxos ou mais estreitos para o exercício da reflexividade (Melucci, 1996a, pp. 147-8). Ele sempre relaciona sua discussão especialmente com os movimentos sociais (o que logo abordarei).

Certo campo comum é compartilhado pelas abordagens de Melucci e Joas. Este último vem desenvolvendo um quadro teórico geral já há algum tempo e avançou seu principal argumento sobre a criatividade no livro *Die Kreativität des Handelns* (1992). Joas almeja repropor uma sociologia neopragmatista mais bem articulada. Isto retomaria os esforços e idéias de Dewey, James e Mead, assim superando as limitações de uma tradição interacionista simbólica "subteorizada", não obstante serem suas pesquisas substantivas amiúde interessantes (Joas, 1987). Sua tentativa é desenvolver uma teoria da ação que se afaste substancialmente da fixação de Parsons nas normas e na racionalidade como os dois únicos, ou ao menos mais centrais, conceitos da sociologia no plano mais geral. Uma reconstrução de largo alcance da teoria da ação estaria portanto na agenda, uma vez que não se pode apenas adicionar a dimensão criativa àquelas outras duas, das quais pode ser separada (como ele nota igualmente no que tange à teoria da ação comunicativa de Habermas — Joas, 1986, p. 114) somente por meios analíticos. A "situação" (embora não realmente a *interação*) é posta no centro de sua construção. A esta categoria nuclear ele aduz a capacidade criativa dos atores que tomam parte em interações, para começar ao engajar nelas seus corpos, e cujo conhecimento não é anterior a este engajamento.

Em sua contribuição mais recente, Joas avança uma interpretação de como os valores surgem e tenta especialmente desenvolver como novos padrões para a valoração de problemas emergem, para além da mera "solução de problemas", em certa medida seu foco prévio (Joas, 1997, p. 9). O pano de fundo dessa nova pesquisa é a crise de valores na sociedade contemporânea. O debate entre o comunitarismo e o liberalismo é claramente uma força orientadora no livro. O pragmatismo está aqui presente de corpo e alma — mediante uma análise em profundidade de James, Dewey e Mead, mais Simmel, Scheler, Taylor e outros —, e algumas das questões que poderiam ser vistas como problemáticas devido à sua ausência no livro anterior são agora debatidas de forma muito mais detalhada. O livro culmina em uma interessante tentativa de superar o universalismo abstrato da ética discursiva de Habermas, sem descartar suas idéias básicas, por intermédio de sua conciliação com uma ênfase em valores concretos, nos quais contudo intuições morais universalizantes estão sempre disponíveis. É importante frisar a essa altura que Joas mantém sua preocupação sobretudo com a criatividade individual, e que a interação ainda cumpre papel menor em sua construção, embora uma de suas primeiras abordagens da criatividade emprestasse destaque à criatividade coletiva (Joas, 1990) — um tópico ao qual, entretanto, ele não retornou, nem tampouco articulou à ação individual.

Vandenberghe tem metas distintas em mente e parte de outra posição. Ele toca, no entanto, em problemas estreitamente relacionados à criatividade. Sua análise do desenvolvimento da sociologia alemã concentra-se na noção de reificação, que segue a partir das obras de Marx, Weber, Simmel e Lukács, passando pela Escola de Frankfurt, e chegando até Habermas. Ele argumenta que, com exceção de Habermas, todos os sociólogos alemães que analisaram o funcionamento fetichista da economia supuseram que esta compele os indivíduos a agir de acordo com o critério da racionalidade instrumental. Haveria um elo lógico entre o conceito materialista de estrutura e o conceito estratégico de ação. No plano teórico, a ação estratégica aparece como uma conseqüência da ação, mas consoante uma perspectiva metateórica, todavia, ela é antes o resultado da escolha da ação estratégica como o paradigma da ação que leva a uma concepção das estruturas como materialistas e reificadas. É aí que a criatividade intervém: Vandenberghe (1998, p. 252) propõe uma outra estratégia para evitar a cristalização "progressiva e precoce" do espaço de possibilidades. Visando uma teoria crítica que relacione (de forma ainda obscura) a reificação às propriedades emergentes dos sistemas sociais, seu esboço de solução para os problemas que identifica faz recurso ao pós-positivismo multidimensional de Alexander (1981), do qual oferece uma versão "negativa", na medida em que é principalmente crítica e normativa, estabelecendo os parâmetros para uma teoria não-redutiva da ação. A ação instrumental seria então apenas uma possibilidade para os agentes, conquanto devêssemos ser cuidadosos no que se refere à alternativa "maximalista" de Habermas, ligada à ação comunicativa, que identifica esta última diretamente com a ação simbólica.³

É patente que, embora escreva de um ângulo diferente, Vandenberghe também está voltado para a ação e para a criatividade no plano do indivíduo. Em grande medida é isso o que encontramos igualmente na tentativa de Leledakis (1995) de relacionar a psique e o social. Ele recorre ao estruturismo de Bourdieu e à teoria da estruturação de Giddens, bem como à concepção de Castoriadis e Freud do inconsciente como a fonte da criatividade, a qual é então dialeticamente articulada ao mundo social mediante sua internalização tanto no plano consciente quanto no inconsciente da psique.

O oposto se encontra na teoria radicalmente sistêmica de Luhmann. Baseada em uma abordagem sistêmica mais tradicional na primeira fase de sua carreira teórica, a segunda e última fase da teorização de Luhmann sofreu uma forte inflexão sob a influência da teoria dos "sistemas autopoiéticos" de Maturana e Varela. Em lugar de pôr o foco sobre sistemas abertos que interagem com seu meio ambiente, Luhmann (1984, 1992 e 1997) agora vê os sistemas sociais como autoreferidos, autoconduzidos e assim autopoiéticos, na medida em que se reproduzem mediante a recriação de seus próprios elementos. Eles mantêm relações de *input* e *output* com seu meio, do qual se esforçam por distinguir-se, sustentando uma identidade definida e exclusiva baseada na redução de possibilidades oferecidas pela situação total em que se encontram inseridos. Não é a ação (vista como um conceito excessiva-

---

³A questão da criatividade também aparece, e mais claramente, no estudo de Vandenberghe (1999) sobre a obra de Bourdieu.

mente tradicional) que se acha em questão neste argumento, sendo substituída pela noção de "comunicação". Lançados em um mundo prenhe de contingências e tendo que interagir com outros sistemas sem perder o controle de si mesmos, os sistemas sociais reduzem a complexidade e recorrem a seus próprios elementos para mudar, permanecendo contudo eles próprios.

Se as abordagens de Joas e Vandenberghe remetem a noções de indivíduo, o mesmo acontecendo até certo ponto com as propostas de Melucci e Leledakis, deveria ser dito que, a despeito de quanta novidade se possa achar na teoria de Luhmann, ele retomou o outro pólo "pressuposicional" daquela tradição: o coletivo, que Alexander (1981) já identificara, conquanto sem uma perspectiva crítica. Como mencionado anteriormente, o foco de Durkheim na "efervescência coletiva" já atribuíra precedência a esse pólo em seu exercício da criatividade social e a teoria de Weber das alterações sistêmicas racionalizadas já despersonalizara a mudança nos sistemas sociais. A teoria de Luhmann é muito mais complexa que isso, mobilizando uma gama completa de conceitos para tratar do tema da criatividade. Contudo, pode-se dizer que reifica os sistemas sociais e acaba por abraçar inadvertidamente as limitações da filosofia da consciência (Habermas, 1985, cap. 12), uma vez que os sistemas sociais são vistos como sujeitos autolegislantes e independentes.

A abordagem orientada para os movimentos sociais de Melucci pretende evitar esses equívocos. Em particular ao colocar de lado a exclusividade das condições "estruturais" e dos fatores culturais, ele tenciona investigar como os atores "constroem" suas ações (Melucci, 1996b, p. 16). Evidentemente, muitas idéias relativas à ação individual, mas também um certo número de conceitos analíticos específicos, são propostas para tratar da "ação coletiva". Contudo, a despeito da importância de suas importantes realizações no campo da teoria dos movimentos sociais, não há discussão direta da criatividade e nem sequer da reflexividade neste plano — teórico geral e coletivo —, o que parece sugerir que estaria limitado principalmente ao plano individual. Ele permanece como questão difusa, todavia, o mesmo ocorrendo com sua análise de movimentos sociais concretos e do Estado.

Foi em um plano teórico mais geral que eu mesmo (Domingues, 1995a e 1999a) tentei escapar das limitações da concentração nos pólos do indivíduo e da sociedade. Relacionei portanto o tema da criatividade ao conceito de *subjetividade coletiva*. Partindo de uma compreensão da reflexividade que se apóia em larga medida em Mead, busquei articular a ênfase daquele autor e a de Blumer na interação como a célula elementar da vida social e da criatividade com a teoria psicanalítica de Freud e Castoriadis do inconsciente e as proposições neopragmatistas de Joas. Com o intuito de melhor elaborar a noção de "reflexividade", três camadas foram delineadas — reflexividade inconsciente (caracterizada pelo "processo primário" de Freud), prática e racionalizada. Memória e criatividade são os dois momentos da (re)produção da vida social, que ocorre em alguma medida sempre como novidade, embora a sedimentação de novos padrões gerados por indivíduos e coletividades em memórias — formas de consciência e instituições — não seja de modo algum automática (Domingues, 1999a, caps. 1-2).

O conceito de "subjetividades coletivas variavelmente (des)centradas" (as quais têm uma "causalidade coletiva" específica) foi introduzido de forma a proporcionar uma visão mais inclusiva da vida social.[4] Tecida por meio de interações contingentes entre as coletividades, a vida social consiste em um processo permanente de criação, embora as memórias depositadas em formas de consciência e em instituições introduzam certo grau de estabilidade nas relações sociais. Nem a criatividade pode ser reduzida a mecanismos relacionados exclusivamente a indivíduos, nem podem ser as memórias entendidas como esculpidas e distribuídas socialmente de forma homogênea. Essa ênfase na criatividade e nas "subjetividades coletivas" combina-se com uma concepção da história que a afirma como extremamente contingente. Debatendo desenvolvimentos que detalharei adiante, argumentei que, embora não seja correto descartar inteiramente temas e conceitos evolucionistas, muito do que os críticos têm a dizer sobre eles em suas versões tradicionais ou contemporâneas faz sentido. A modernidade contemporânea é também o foco de minha análise (Domingues, 1999a, caps. 5-7, e 1999b), à qual os conceitos articulados previamente são aplicados. Essa construção tenciona ainda enfrentar o que parece ser o fechamen-

---

[4] A noção de "historicidade" de Touraine (1984) como o resultado do impacto dos movimentos sociais já apontava nessa direção, mas seus conceitos permaneceram muito vagos e redutivamente concentrados em apenas um tipo extremamente centrado de subjetividades coletivas. A noção de "articulação" de Laclau e Mouffe (1989), de um ponto de vista "pós-estruturalista", chega ao mesmo objetivo de trazer a criatividade para a linha de frente. Contudo, seguindo Derrida (1966), eles se fixam não nas relações sociais, mas principalmente no discurso e no jogo livre da estrutura como gerador de novas configurações discursivas.

to aparente das instituições na modernidade, não obstante a visão hoje dominante da vida social e da história como realizações contingentes de atores individuais e das coletividades.

HISTÓRIA E CONTINGÊNCIA

Embora em seu primeiro livro Parsons (1937, p. 3) tenha descartado a historicidade como irrelevante para a sociologia, mais tarde introduziu alguns conceitos-chave para compreender a evolução da sociedade (Parsons, 1966). A história foi mantida ao largo de suas preocupações, todavia; na verdade, mesmo "atores coletivos", que eram cruciais em seus argumentos em *The Social System* (1951, p. 4), desapareceram em sua análise anti-histórica, engolfados pela pressão brutal exercida pela aplicação automática do esquema AGIL. No entanto, a criatividade esgueirou-se para dentro do esquema evolucionista parsoniano. Inspirado pela biologia, ele introduziu as variações, isto é, *mutações culturais* (dimensão que, de acordo com o esquema AGIL, põe no topo da hierarquia cibernética) e suas seleções como mecanismo básico que leva à mudança evolutiva.

Para os neofuncionalistas (ver Alexander e Colomy, 1990), a exclusão da história por Parsons tem se constituído em tema contencioso, e eles querem trazê-la de volta para sua análise. Enquanto a "diferenciação" ainda é descrita como uma "tendência mestra" evolutiva, eles enfatizam as contingências históricas, em contraposição a uma noção automática de "adaptação" que privaria a ação de um lugar central na teoria sociológica. A contingência é portanto trazida para a linha de frente da discussão. Isso significa, contudo, que, embora não haja análise efetiva do que uma "tendência mestra" supostamente significa — se é necessária ou contingente, um fenômeno descritivo ou teórico —, eles oscilam entre o determinismo de Parsons e uma compreensão aberta da história. Seja como for, a noção de contingência desempenha aí papel de destaque, embora apenas em termos empíricos.

Isso é mais, contudo, do que encontramos na complexa abordagem de Habermas da evolução social. Buscando superar as limitações da compreensão unilateral de Marx dos fatores materiais como a única causalidade do processo histórico, Habermas pintou um quadro em duas camadas da evolução. Segundo ele, a espécie se desenvolve tanto na dimensão cognitiva quanto na moral, por meio de processos de aprendizado (Habermas, 1976 e 1981). Os modelos de estágio de Piaget exerceram enorme influência sobre Habermas, tópico que foi objeto de inúmeros debates, dos quais não me ocuparei aqui.[5] O fato é que, embora não tenha jamais promovido uma visão teleológica da história (negando fortemente qualquer compromisso de sua teoria com esse tipo de perspectiva), Habermas parece não haver deixado espaço para a contingência. A dificuldade de aplicar seu modelo ao estudo de situações e processos empíricos (não apenas devido à distância natural entre uma abordagem tão geral e abstrata, porém igualmente em função de sua rigidez e aparente falta de concordância com o material empírico substantivo) levou-o por novas sendas. Alguns vêem nisso mesmo uma reviravolta

---

[5]Domingues (1999a, cap. 4) cobre o debate e os temas discutidos nesta seção.

no pensamento de Habermas (Strydom, 1992 e 1999d). O fato é que, sob a influência do modelo interativo de aprendizado social de Miller (ver adiante), Habermas (1988) tem tentado tornar sua própria *micro*análise desse tipo de fenômeno mais flexível. Ele não se lançou, todavia, a uma reformulação de seu esquema evolucionista. Conquanto não tenha produzido conseqüências suficientes para ser tomada como decisiva, a contingência encontra-se agora potencialmente presente em sua teoria.

Originalmente, na década de 1970, um pesquisador estreitamente associado a Habermas e a sua teoria evolutiva, Eder, (1976), desde a década de 1980, tem assumido o desafio de encarar a contingência em termos de evolução histórica. Embora ainda preocupado com os "processos de aprendizado patológicos" que levaram a Alemanha a seu problemático *Sondernweg*, Eder (1985) introduziu coletividades como os atores contingentes que realizam aqueles processos de aprendizado e selecionam "variações" em meio a lutas políticas. Mais recentemente, atribuiu preeminência aos movimentos sociais na discussão dos processos sociais e do desenvolvimento histórico. Com isso ele na prática descartou inteiramente a abordagem de Habermas da evolução (Eder, 1993). A contingência torna-se absoluta e a história parece não ter quaisquer padrões de desenvolvimento, evadindo pois a identificação de tendências (ele afirma, por exemplo, que a diferenciação é somente a "tendência dos mestres" antes que uma tendência mestra), já para não falar da construção de estágios evolucionistas de desenvolvimento.

Provenientes de territórios teóricos bastante distintos, alguns outros sugeriram conclusões similares. Rejeitando convictamente o evolucionismo, Mann e Giddens, fechando o período delimitado pelo artigo de Alexander sobre a síntese teórica, introduziram o que chamaram de teoria "neoepisódica" da história (suas influências comuns sendo Weber e Gellner). O trabalho anterior de Giddens em teoria social geral teve total impacto nas questões em foco, uma vez que a capacidade da "agência" de mudar o mundo se destaca em sua "teoria da estruturação". Desenvolvimentos aleatórios e conseqüências não intencionais da ação, relacionadas às redes de poder, no caso de Mann (1986 e 1993), e, especialmente na modernidade, a empreendimentos reflexivos incontroláveis, no caso Giddens (1981 e 1984, cap. 5), mostram-se aqui cruciais. A contingência, por conseguinte, assume grande importância em sua visão da história. Ademais, Mann (1983, pp. 30, 312 e 537; 1993, pp. 41, 105 e 727-8) elaborou um conceito decisivo para lidar com a criatividade histórica — o de "emergência intersticial" de novidades, para as quais os grupos dominantes se acham desatentos.[6]

MODERNIDADE E REFLEXIVIDADE

Em meados da década de 1960, Giddens iniciou a produção de sua teoria da estruturação. Buscando escapar do dualismo da estrutura e da ação, ele propôs a noção da "dualidade da estrutura", de modo a lançar uma ponte entre essas duas dimensões. Sua teoria mais recente da modernidade obviamen-

---

[6] Sztompka (1993, p. 229) adota uma posição que, indo na mesma direção, aponta explicitamente para o problema da contingência.

te depende de forma extensa dessas idéias. De *As conseqüências da modernidade* (1990) em diante, o elo entre reflexividade e modernidade — que surge de transformações episódicas de grande monta — tornou-se progressivamente mais forte. Afirmando que vivemos, especialmente na "alta modernidade", em uma era de incerteza e risco, Giddens vê nossos *selfs* "desencaixados" vivendo imersos na contingência e demandando contínuos esforços de nossas faculdades reflexivas. Ademais, a reflexividade estaria, diferentemente de períodos anteriores, na base das instituições modernas. Todas as relações e esferas são capturadas pela "modernidade reflexiva" contemporânea. Essa situação de desencaixe é ligada por Giddens, obviamente ecoando Simmel (1900), a múltiplos e sempre mutáveis "estilos de vida" pessoais e assim à "política do modo de vida" (*life politics*), uma dimensão da política radical que ele quer distinguir da "política emancipatória" (voltada sobretudo para a luta contra a desigualdade) (Giddens, 1990, 1991 e 1992). A "Terceira Via" do Novo Partido Trabalhista, do qual Giddens tem sido um conselheiro bastante próximo, tenta pôr a imaginação para trabalhar e encontrar soluções para o que ele enxerga como um período de mudança social sem precedente (Giddens, 1994 e 1998).

Giddens não retoma em seu trabalho sobre a modernidade as distinções teóricas de trabalhos anteriores. Mas pode-se concordar com Lash e Urry (1994, p. 14; e o debate entre Beck, Giddens e Lash, 1994) quando criticam sua noção de reflexividade como principalmente *cognitiva*. Com efeito, Giddens (1984, pp. 4-7) sustenta uma concepção empobrecida do inconsciente (vendo-o sobretudo como repressivo); em seu modelo em três camadas, são a "consciência" prática e a discursiva que se destacam (e não está sequer claro se há um tipo de *reflexividade* prática). Lash e Urry buscam igualmente entender esta nova fase da modernidade (ou pós-modernidade, como a vêem), na qual a "desorganização" e a "globalização" do capitalismo seriam um traço saliente, mediante uma noção mais ampla de reflexividade. Eles retêm de fato a reflexividade cognitiva, introduzindo ainda uma reflexividade "estética", operativa mormente na cultura, nos meios de comunicação de massa e no consumo, a qual bebe nos vôos do *id* (em termos psicanalíticos), que seriam hoje particularmente relevantes.

Já me detive no trabalho de Melucci. Outros autores também têm sido decisivos para esta discussão. Beck (1986) é um deles, tendo introduzido noções como "modernidade reflexiva", a necessidade de fazer uso de uma reflexividade aguçada de modo a podermos lidar com a crescente fluidez das relações de família e do mercado de trabalho, bem como a intuição de enorme alcance segundo a qual a natureza não mais descansa fora da sociedade mas é, antes, intrínseca a ela. Ele sofre do mesmo problema identificado por Lash e Urry em Giddens: uma atenção excessiva e exclusiva à reflexividade cognitiva, a despeito de não haver nunca proposto uma reflexão teórica mais geral.[7] Por seu turno, Maffesoli (1988) tem sublinhado (deslizando contudo na direção do irracionalismo) a dimensão estética, tendo anunciado a presença de novas

---

[7]Strydom (1999b) mostrou certa confusão na perspectiva do próprio Lash, especialmente em sua definição dos tipos "estético-hermenêutico" de reflexividade.

"tribos" no que tange à reconstrução reflexiva e simbólica das identidades e novas formas, mais interpretativas, de compreensão na pós-modernidade.

Retomando questões levantadas por esse conjunto de autores, assim como por Touraine e Castells, Delanty (1999) delineou também uma concepção da modernidade contemporânea que empresta relevo a suas crescentes discursividade, criatividade individual e reflexividade cultural, em uma situação de ruptura inexorável de qualquer princípio de unidade que pudesse organizar o domínio social. À medida que adentramos o século XXI, em meio à incerteza e à contingência, deparando-nos ainda com o fim dos grandes "sujeitos" históricos, novas formas de teorização da modernidade são necessárias, especialmente no que concerne a "novas formas de mediação" entre a agência e a estrutura. Influenciado pela tendência cognitiva que será em breve analisada, ele argumenta que a criatividade e a reflexividade devem ser estreitamente relacionadas às lutas sobre conhecimento e informação que se acham no centro de qualquer discussão e construção significativas da democracia no mundo contemporâneo.

Por sua vez, a avaliação de Wagner (1994) das "crises da modernidade" visa entender seus desenvolvimentos e a situação contemporânea de incerteza, a qual aliás acarreta contingência na vida social e para a epistemologia da sociologia (tópico que retomarei adiante). Sua discussão introdutória das "ofensivas modernizantes", realizadas por coletividades, e a idéia de reencaixes reflexivos *coletivos* provêm pistas interessantes para superar a preocupação exclusiva, conquanto dialetizada, com a ação individual e as estruturas ou instituições — preocupação característica da teoria sociológica.[8] O mesmo tipo de questão emerge na reelaboração da teoria crítica por Calhoun (1995), que tem em parte o multiculturalismo e o comunitarismo como pano de fundo. Partindo da idéia de que as identidades não são dadas, ele mostra como elas são construídas reflexivamente e como interpretar esses processos de maneira hermenêutica, historicamente orientada, datando a política da identidade — e por conseguinte, é claro, o exercício amplo da reflexividade na modernidade — pelo menos desde o nacionalismo do século XIX e das culturas de classe.

De fato, é até certo ponto a situação exata da modernidade contemporânea, a qual é espelhada nessas interpretações epocais, que deve ser vista como responsável por essa ênfase na criatividade, e correspondentemente na contingência, que caracterizei como uma tendência mestra na teoria sociológica atual.

CRIATIVIDADE E COGNIÇÃO: PONTES A CONSTRUIR

As questões analíticas até agora discutidas parecem agrupar-se em torno de dois temas principais: a relação entre cognição e criatividade, por um lado, e o papel das coletividades e dos indivíduos na trama explicativa, por outro.

No primeiro caso, vimos que o pragmatismo, o interacionismo simbólico e a psicanálise fornecem os pilares para a

---

[8]Esse é um tema crucial, que assume diversas expressões concretas, em Domingues (1999b).

maioria das noções de criatividade na sociologia contemporânea. Esse é o caso das abordagens de Joas, Leledakis e Melucci, bem como daquela que eu mesmo desenvolvi. Nessas coordenadas, pressupõe-se um tipo específico de perspectiva psicológica, que tem Mead e Freud como seus representantes principais. Isso contrasta com outros desenvolvimentos contemporâneos, que são basicamente cognitivos e recorrem a autores como Piaget e Vigotsky. Esse é o caso da perspectiva de Miller, que teve grande impacto na sociologia alemã. Como já mencionado, os trabalhos recentes de Eder, bem como os de Strydom e mesmo de Habermas, foram especialmente influenciados por suas idéias. Isso conforma o que previamente denominei de "tendência cognitiva".

Miller tem como pano de fundo a tentativa de Habermas de construir um modelo para o desenvolvimento cognitivo e moral da espécie. Ao passo que Habermas (1976 e 1981) tomava o desenvolvimento individual, de acordo com o modelo do próprio Piaget, como a variável-chave nos processos de aprendizado no plano ontogenético, mas igualmente, mediante homologias, no plano filogenético, Miller empresta a essa discussão uma forte direção coletiva. Ele desenvolve um "interacionismo genético", que depende deveras dos processos de argumentação e contradição que então caracterizam os "processos coletivos de aprendizado" (Miller, 1986, pp. 17, 23ss e 138ss). Processos de aprendizado permitem um "nível mais alto de conhecimento (*Erkenntnis*) cognitivo do mundo natural, do mundo social e do mundo interno de cada um" (Miller, 1986, p. 9). O eixo para isso é a "dialética do conhecimento e da experiência" (Miller, 1986, pp. 19-21 e 246-8). Parece óbvio que ele está tratando do desenvolvimento de capacidades (*Fähigkeiten*) que então permitem processos de aprendizado mais substantivos, compartilhando com os modelos formais reconstrutivos das competências de Habermas uma inflexão neokantiana.

O problema é que, ainda que se esforce para lidar com a emergência de novidades históricas, novos padrões de comportamento, novas instituições e daí por diante, ele não propõe de fato nenhuma noção de criatividade. Esboça uma promessa que é incapaz de cumprir de todo e, nesse sentido, creio haver sérias limitações em suas propostas, particularmente no que tange ao tema da contingência. É como se criássemos contingência na medida apenas em que somos incapazes de controlar um mundo cambiante. A criatividade vê-se perante o perigo de ser reduzida às conseqüências não intencionais da ação (um tópico caro a Giddens) que geram situações às quais apenas nos adaptamos ("adaptação" sendo, aliás, um conceito-chave para a psicologia cognitiva). Esta dificilmente se constitui em uma abordagem adequada da contingência, e o maior espaço para o exercício da reflexividade que parecemos usufruir contemporaneamente de forma positiva — isto é, para de fato criarmos novas formas de consciência, padrões de relacionamento e instituições — corre o risco de ser posto de lado. Mead, Blumer, Castoriadis, Joas e Melucci foram muito mais longe do que isso. E as perspectivas de Giddens, Mann e Eder, bem como as de Wagner e Calhoun, sobre a história e a emergência evolutiva da modernidade, por exemplo, também sugeriram tipos muito mais ativos de criatividade coletiva. Isso é verdade, também, embora sobretudo no plano individual, com a noção de Giddens de "política dos estilos de vida", que implica uma reinvenção ativa dos modos de vida na alta modernidade (não obstante sua herança cognitiva, via Erickson).

Contudo, é particularmente importante reter desta significativa corrente cognitiva sua recusa de uma compreensão utilitarista da cognição e da racionalidade, propondo em lugar disso uma concepção *construtivista* (que obviamente supõe um tipo de processo criativo *não especificado*) (cf. Strydom, 1999b e 1999c). A cognição e a racionalidade operam sempre através de esquemas culturais prévios que provêm "quadros" (*frames*) que conformam temas e discursos (ver especialmente Eder, 1996, pp. 162ss); eles não podem ser reduzidos ao plano individual — na verdade são desenvolvidos coletivamente — nem são naturais, nem dispensam pressuposições. Creio que não está completamente esclarecida a maneira como esses quadros (kantianamente inspirados) incluem dimensões expressivas e morais, nem como estas se relacionam como processos e conteúdos cognitivos. Em princípio, todavia, nada nos impede de ligar essa perspetiva cognitiva à criatividade individual e social, seja esta entendida por meio de uma abordagem psicanalítica ou por meio do pragmatismo e do interacionismo (nem deveria haver razão para que as abordagens que enfatizam a criatividade torçam o nariz para a cognição e a racionalidade). Este poderia ser um dos caminhos para o desenvolvimento da teoria sociológica nos anos vindouros, retomando-se os esforços que caracterizaram o "novo movimento teórico". A questão teórica da *conceitualização da construção criativa de "quadros"* seria particularmente relevante para tal agenda.

Ademais, o elo entre a criatividade individual e coletiva — social — poderia receber destaque. Miller, Eder e Strydom encontram-se, aliás, bastante atentos para essa questão. Eles enfatizam o problema dos processos coletivos de aprendizado tanto no plano intragrupal quanto intergrupal. Joas percebeu sua importância; Mann, Wagner e Calhoun propuseram idéias interessantes em um plano mais substantivo. Eu mesmo realizei esforços para prover conceitos gerais para a conceitualização da subjetividade coletiva, bem como para articular a criatividade coletiva e individual. Esta é uma área que ainda poderia ser cultivada por outros sociólogos, especialmente na medida em que se conectam com a teoria crítica. A mudança social no mundo contemporâneo viria assim para a linha de frente teórica. Cognição e racionalidade poderiam destacar-se também neste tipo de empreendimento teórico, porquanto o cruzamento dos dois eixos que acabei de sugerir representaria uma estratégia teórica verdadeiramente geral para um programa de pesquisa sintético. Deste ângulo, conquanto brilhantemente reúna os três temas fundamentais da sociologia contemporânea analisados neste texto — a contingência, a *poiesis* (criatividade) e a cognição —, o radicalmente sistêmico estruturalismo funcional de Luhmann acha-se de certa forma em posição oblíqua em face das principais tendências de desenvolvimento aqui assinaladas. Seu descarte integral dos atores individuais e de qualquer tipo de agência significa que, se a sociologia luhmanniana deve reter a sua vitalidade após a morte de seu fundador, terá de seguir seu caminho sozinha, ao menos no futuro previsível.[9]

---

[9] Mas deve-se observar que os "processos de aprendizado" na dimensão evolutiva (societal) são também cruciais em sua teoria. Cf. Luhmann (1990b).

EPISTEMOLOGIA, POLÍTICA E MODERNIDADE

Finalmente, discutamos a razão do surgimento dessa tendência mestra. Ao investigarmos as origens de tal interesse na criatividade individual e coletiva, salta aos olhos mais uma vez a questão da modernidade. Observamos o quanto a reflexividade individual e coletiva é demandada pelos desenvolvimentos recentes da sociedade contemporânea. As idéias de Wagner mostram-se agora especialmente importantes para nossa pesquisa.

Apoiando-se na noção de Weber de racionalização e na concepção de Bauman (1991 e 1992) da modernidade como um esforço contínuo para a produção da ordem, homogeneidade, certeza e a superação da ambivalência e da contingência, Wagner (1994) observou que vivemos em meio a uma nova crise da modernidade. A modernidade liberal, ligada à expansão dos mecanismos de mercado, desaguou em uma crise que foi superada por uma organização da modernidade que tinha em seu núcleo a intervenção do Estado na vida social, por meio sobretudo do keynesianismo e do Estado do Bem-Estar. A crise daquele modelo levou-nos a um período de incerteza, que ainda se desdobra sem que um novo modelo seja definido. Para a sociologia isso significou dois períodos relacionados e sucessivos de desenvolvimento (ver Wagner, 1995 e 1996). Especialmente durante o século XX, junto à organização estatal da modernidade, a "busca de certeza", de fundações seguras para o conhecimento, foi perseguida pelas ciências sociais "modernistas", elas próprias sendo "parte da compreensão discursiva da vida social", mediante a aceitação da sociedade estatalmente organizada e em grande medida homogênea como o modelo da vida social enquanto tal. Isso permitiu a postulação de leis gerais, regularidades — bem como de perspectivas normativas que têm como representante destacada a sociologia de Parsons. Fundações sólidas para o conhecimento pareciam estar ao alcance da mão.

Hoje, em compensação, mantêm-se distantes. O caráter heterogêneo da vida social contemporânea, a retração do Estado e um maior recurso à auto-regulação da sociedade, ao lado da crise do imaginário modernista, levaram a uma nova situação na sociologia na qual a certeza é substituída pela incerteza — além de, amiúde, pela criatividade, podemos acrescentar — e a contingência tem de ser aceita. Em grande medida, pois, pode-se estabelecer um elo entre a crise da modernidade estatalmente organizada e as preocupações epistemológicas e políticas com a criatividade. Porém, as soluções políticas que derivam daquela crise são extremamente variadas.

Tome-se, por exemplo, o trabalho de um autor que viveu a primeira crise da modernidade. John Dewey (1934, p. 43) sugeriu que um

> (...) ideal não é uma ilusão porque a imaginação é o órgão através do qual ele é apreendido. Pois *todas* as possibilidades nos alcançam por intermédio da imaginação. De certo modo, o único sentido que pode ser atribuído ao termo "imaginação" é o de que coisas não realizadas aparecem claramente para nós e têm o poder de nos estimular. A unificação realizada por intermédio da imaginação não é fantasiosa, pois é o reflexo da unificação das atitudes práticas e emocionais.

Até certo ponto esta é a posição de todos os membros originais da Escola de Chicago de Sociologia, onde se originou o interacionismo (ver Joas, 1987). A política reformista e o movimento progressivo articulam-se a esses esforços teóricos. Seria certamente equivocado atribuir a Parsons uma perspectiva conservadora, como já demonstrado pela pesquisa acadêmica sobre sua vida e obra (Robertson e Turner, 1991). Todavia, parece bastante abalizado que se estabeleça algum tipo de laço entre a modernidade estatalmente organizada e as justificações discursivas e a hegemonia do funcionalismo e do parsonianismo na sociologia durante aquele período, exatamente *contra* o interacionismo simbólico (Alexander, 1988a). Esta escola, e sua ênfase na criatividade, assume maior visibilidade somente e exatamente no momento em que emergem protestos contra a forma repressiva da intervenção estatal e a uniformidade normativa que prevaleciam na sociedade norte-americana.

No entanto, não devemos nos esquecer de perguntar em que medida a criatividade pode ser exercida ou bloqueada dentro de uma moldura liberal. Deveríamos tomar a modernidade liberal como dada, como se fosse de fato o auge do desenvolvimento histórico e como se tivéssemos atingido o fim da história? Seria sábio descurar dos problemas profundamente arraigados das sociedades liberais? A epistemologia e a filosofia social do próprio Rorty (1980 e 1989) são certamente exemplos representativos daquela movimentação rumo à centralidade da criatividade. Contudo, como Wagner (1995, p. 194) aponta, também há uma "fissura gritante" entre a ênfase mais geral de Rorty na contingência e sua visão absolutamente liberal da política, bem como sua concepção individualista (estética) do sujeito, que são tomadas como dadas. Mesmo o pós-modernismo, que pode fornecer narrativas para sujeitos em busca de novas identidades (Seidman, 1992), não necessariamente garante que a criatividade receba o que lhe é devido ou pode confiná-la apenas a desempenhos funcionais dentro de sistemas orientados instrumentalmente (Lyotard, 1979).

Giddens, conquanto agora comprometido com a "Terceira Via" e não obstante sua noção exclusivamente cognitiva de reflexividade ser muito problemática, costumava relacionar diretamente seu trabalho sobre estilos de vida e política emancipatória com a nova situação que a política radical e a teoria crítica têm de enfrentar. Originalmente seu realismo utópico tencionava fornecer soluções práticas para o que via como o esgotamento do marxismo (Giddens, 1985, pp. 334ss; 1990, pp. 154-8). Se formos adiante e focalizarmos alguém que acentua a contingência mas deseja uma posição política mais radical, a questão da criatividade aparece, mesmo permanecendo sem ser nomeada. Para o pós-modernismo crítico de Santos (1995, p. 479), "a ausência de um futuro não pode ser preenchida seja pelo passado seja pelo presente". É portanto preciso que "reinventemos o futuro ao abrir um novo horizonte de possibilidades mapeadas por novas alternativas radicais". A "única rota" para isso é a "utopia" (que deveria apoiar-se na realidade), o que significa, segundo ele, "a exploração pela imaginação de novos modos de possibilidade humana e estilos de querer". Isso deveria ser alcançado, entretanto, sem prejuízo de processos racionais de comunicação e troca, na verdade, em grande medida, através deles.

Gostaria de argumentar que uma crítica da modernidade provavelmente gerará uma maior preocupação com a criatividade, posto que ela sustenta uma perspectiva mais crítica e mais aberta da história contemporânea. Talvez então a teoria crítica, em uma forma revisada, para começar reconhecendo as realizações efetivas das democracias liberais capitalistas, possa fazer uma contribuição importante para o mundo contemporâneo, que é ao mesmo tempo marcado pela contingência e aparentemente trancafiado em suas próprias instituições básicas. Até certo ponto pelo menos, o pensamento utópico talvez constitua parte relevante dessa abordagem crítica, porquanto o desenvolvimento da razão e o controle da natureza não podem responder de forma clara pelo que acontecerá no desenvolvimento evolutivo da espécie humana. É óbvio que essa perspectiva chamaria a atenção para novas formas possíveis de organizar a sociedade contemporânea, ligando-as ainda a empreendimentos reflexivos das subjetividades e a novos estilos de vida. A observação de Melucci sobre a distribuição desigual de recursos para o exercício da reflexividade sublinha óbvia e diretamente a problemática associação dessas dimensões. Parece que acabamos afinal por aceitar a contingência radical da vida que, a despeito do dogmatismo da política no século XX, já emergira na filosofia (Weber, o pragmatismo, Heidegger, Sartre, para citar apenas alguns nomes) com a crise da metafísica. Com certeza, as idéias bem conhecidas de Weber sobre a contingência histórica foram nesse sentido confirmadas. É lícito, todavia, perguntar se deveríamos aceitar sua visão da "jaula de ferro" em termos do aparentemente inexorável desenvolvimento da modernidade rumo a sua completude (de fato, as idéias avançadas, de forma positiva, por Rorty), ou se não seria possível imaginar um mundo diferente do nosso (ver o Capítulo 3 deste livro).

O sonho e a tragédia da razão foram proeminentes no século XX, principalmente na teoria crítica. Não há razão, contudo, para abandonar a preocupação com a racionalidade, que Habermas e agora a mais ampla abordagem cognitiva vêm tentando resgatar da confusão do complicado século que é agora história. Há porém boas razões para não opor a racionalidade à criatividade e vice-versa. As esperanças de uma humanidade plural e emancipada terão certamente de sustentar-se sobre esses dois característicos elementos reflexivos da espécie.

CAPÍTULO 6   Desenvolvimento, modernidade e subjetividade[1]

[1] Publicado na *Revista Brasileira de Ciências Sociais*, n.º 40 (1999), e em Marcos Chor Maio e Glaucia Villas Boas (orgs.), *Ideais de modernidade e sociologia no Brasil: a contribuição de Luis A. Costa Pinto* (Porto Alegre: Editora da UFRS, 1999).

DESENVOLVIMENTO E MODERNIDADE

O tema da modernidade foi central para a obra de Costa Pinto em dois registros. Um, mais evidente, implicava uma recusa da expressão, que lhe servia para conceituar um tipo de evolução histórica e social que rejeitava como modelo e *télos* para o Brasil. Ela caracterizava-se pela adoção de padrões de consumo, de comportamento, de instituições, valores e idéias das sociedades mais avançadas, sem importar necessariamente em transformações reais da estrutura econômica e social. A "modernização" seria etnocentrista, demandando a manutenção de uma parte da população num "nível atrasado e arcaico", com a contrapartida da "ocidentalização" de uma parcela da sociedade. Colocava-se de fato como um obstáculo para o desenvolvimento da América Latina, embora, ao gerar situações de efeito-demonstração dos setores ocidentalizados sobre os demais, detonasse contradições, tensões e, em decorrência, conflitos que provocavam instabilidades e crises estruturais. A "marginalidade estrutural", geradora de anomia, dos setores atrasados no processo de modernização deveria ser entendida como fruto de um processo que se poderia, de um outro ângulo, descrever como desenvolvimento desigual e combinado (Costa Pinto, 1970, pp. 21-3 e 31ss).

Havia, porém, uma outra forma de conceber a modernidade, ou, mais precisamente, o processo que a ela poderia levar, que Costa Pinto nomeia, muito mais positivamente, de "desenvolvimento". Este, sim, produziria a passagem para uma outra "estrutura social". Enquanto a "modernização" seria por princípio não planificável, o desenvolvimento requereria o contrário. Ele se definiria, em primeiro lugar, como "(...) uma série de transformações intencionalmente introduzidas em diferentes esferas e setores daquelas sociedades nacionais que se atrasaram em relação ao ritmo de avanço da 'revolução industrial' dos tempos modernos, a fim de atender as crescentes e legítimas aspirações de suas populações e assim superar, em prazo curto, os índices de atraso que caracterizam a sua posição na sociedade internacional". Patentear-se-ia, então, como um "processo contínuo de mudança social", deliberado e global — não somente econômico ou técnico —, com uma "mobilização intensa da sociedade, inclusive do poder". Não haveria, em função disso, outra forma de pensar o desenvolvimento senão atribuindo-lhe caráter *planificável* (intencional), com uma recusa explícita e inteira das possibilidades de derivações contingentes da história. A inspiração mannheimiana é óbvia e explícita nessas teses (idem, pp.13-5 e 21-3). Em outras palavras, uma concentração e centralização da sociedade sobre si mesma era mister para que fosse o processo de desenvolvimento levado a bom termo. Para isso mesmo deveria contribuir a "ciência do desenvolvimento", a forma mais "elaborada" intelectualmente de compreender aquele processo, para além da mera vivência ou de uma percepção confusa — com o que ele definia claramente o papel do intelectual (idem, p. 12).

A transição se caracterizaria por três elementos: pela "coexistência" do "residual" e do " emergente"; pelas relações — de "acomodação" e "conflito" — que se estabelecem entre o "novo" e o "arcaico" (ou "tradicional"); e pelo fato de o "novo" não necessariamente conter as soluções para a crise do "arcaico" (idem, pp. 37-9). Mas esse processo ver-se-ia complicado exatamente pelas resistências à mudança que se encontravam na estrutura econômica e social. Se os dois sistemas — o "arcaico" e o "moderno" — que se enfrentavam na sociedade estavam intimamente imbricados, embora o desenvolvimento avançasse de forma assimétrica e em assincronia, certos setores sociais procuravam bloqueá-lo — em particular nisso consistia a ação das classes dominantes na estrutura fundiária tradicional (Costa Pinto, 1963a, pp. 93 e 200). Vale notar ainda que a caracterização do "arcaico", do "tradicional" é, no mais das vezes, elusiva na pena de Costa Pinto. Entretanto, torna-se claro que ele sustenta que aqueles são exatamente definidos por seu pertencimento à estrutura agrária latifundiária movida pelo trabalho compulsório, à qual se contraporiam a industrialização, a urbanização e as novas classes sociais, o proletariado industrial, as camadas médias e a burguesia. O Brasil oferecia o espetáculo, portanto, "em sua multiplicidade", de "exemplares de quase todas as idades históricas"; ele estaria polarizado por "um passado patriarcal e agrário e um futuro industrial nem sempre límpido", com "o padrão tradicional em declínio e o novo, emergente e moderno, em expansão" (idem, pp. 95, 212ss, 235-6 e 289).

Mas se enganaria aquele que supusesse que apenas a tradição impede o desenvolvimento. Devido ao imbricamento daqueles dois pólos, teríamos uma "conspiração do passado e do presente associados contra o futuro" — o liberalismo seria incapaz de organizar o desenvolvimento. Uma aliança de classes, com elites transformadoras (embora não seja clara qual estratégia propunha), far-se-ia imprescindível, quiséssemos atravessar o Rubicão do subdesenvolvimento (Costa Pinto, 1970, pp. 36, 45ss e 61ss; 1963a, pp. 114, 117 e 235ss).

Costa Pinto tinha ainda em seu horizonte a situação do Brasil nos quadros de sua subordinação internacional, sua "marginalidade estrutural" nesse plano. Reconhecendo a "teia" de relações materiais de um mundo crescentemente globalizado, não obstante o atraso do processo nas outras dimensões, ele propugnava a mudança de posição do Terceiro Mundo, em particular do Brasil, no sistema — recusando os dogmas das teorias da modernização: cabia-nos inventar um modelo próprio de desenvolvimento (Costa Pinto, 1970, pp. 302ss e 290-301). Na medida em que o desenvolvimento se apresentava como um processo completo, para além da simples "modernização", ele não se poderia dar sem a ruptura com a "dependência" em relação aos países que subordinavam as nações em desenvolvimento. O "nacionalismo", entretanto, era uma "sopa eclética" demais para ser de valia nessa ruptura (Costa Pinto, 1963a, pp. 139ss e 119ss).

Os intelectuais, assumindo sua função pública, deveriam aproveitar-se de seu desajuste relativo em face da sociedade e, conscientes de sua "alienação", torná-la "criadora": buscando explorar a contradição que isso origina para ajudar na transformação da própria realidade; ela poderia ser, então, caracterizada como uma *intelligentsia* (idem, pp. 95-7).[2] Sem dúvida, ela poderia ajudar a fazer o processo de transformação mais racional — não era outro o projeto da "ciência do desenvolvimento". O Estado parece ser o agente — a "subjetividade coletiva" — fundamental para deslanchar o processo de desenvolvimento. Capaz de centrar-se e atuar intencionalmente como elemento mobilizador da sociedade, sendo esta intencionalidade clara e definida, seria ele o grande artífice da superação da marginalidade estrutural e da alteração da posição do Brasil no cenário internacional crivado por desigualdades. O Estado deve agir, então, como "(...) a fonte das iniciativas fundamentais de que depende a mudança econômica e social, exercendo o papel de agência líder do desenvolvimento e promovendo a mudança intencional e deliberadamente" (Costa Pinto, 1963b, p. 199).

[2] Werneck Vianna (1997, p. 198) situa a intelectualidade dos dois principais centros brasileiros no período de Costa Pinto e Florestan Fernandes, tendo a de São Paulo uma orientação americana — trabalhando como uma "comunidade científica" mertoniana, sobretudo aplicada ao eixo "interesses-direitos-cidadania" — e a do Rio de Janeiro, sob inspiração mannheimiana de uma inteligência como intérprete em geral da sociedade — preferencialmente voltada para a questão econômica do subdesenvolvimento e privilegiando o eixo "Estado-povo". Não se deveria, creio, supor uma oposição aguda entre essas duas coletividades de intelectuais, uma vez que seu ponto comum era, claramente, a despeito de conceituações distintas, a defesa da modernização e do desenvolvimento, como assinala Lima (1999). Nesse sentido, são antes dois projetos distintos de participação pública que distinguem os intelectuais paulistas daqueles sediados no Rio de Janeiro. Deve-se reconhecer, contudo, a institucionalização da pesquisa em muito maior extensão em São Paulo, como argumentado em Miceli (1989) — perspectiva já matizada, contudo, em seu prosseguimento, em Miceli (1995).

MODERNIZAÇÃO E SUBJETIVIDADE

À luz das discussões contemporâneas sobre a modernidade e os processos de modernização, a insistência de Costa Pinto sobre a idéia de "desenvolvimento" se mostra evidentemente simplista e datada, tendo a vantagem, outrossim, de enfatizar o quanto a modernização pode ser estreita e beneficiar apenas alguns grupos dentro da sociedade nacional. O seu conceito de modernização, uma forma particular de mudança mais profunda e socialmente democrática — o "desenvolvimento" —, era, em compensação, mais amplo. Se, entretanto, pensamos que a modernidade e a modernização não devem ser reificadas, a distinção que ele avança não se mostra necessária, acabando mesmo por obscurecer o problema.

A modernização de uma sociedade qualquer tem de ser vista sempre a partir dos projetos e dos movimentos das diversas subjetividades coletivas que para ela contribuem. Se a modernização é mais ou menos ampla e mais ou menos socialmente democrática, é algo que depende daqueles projetos e movimentos. Basta assinalar que, embora haja grande escopo de variação em suas formas específicas de concretizar-se, bem como em termos de sua combinação com tradições prévias, o processo que nos interessa implica sobretudo o estabelecimento das tradições da modernidade — isto é, suas instituições (seus padrões de interação social e da sociedade com a natureza) e formas de consciência (ver Domingues, 1999a, cap. 5). Desenvolvimento seria, então, uma forma particular de modernização, caracterizada por uma mudança profunda das estruturas produtivas do país, de sua estrutura de classes, de democratização política e social, com a incorporação das massas à nação, acompanhada de transformações no próprio cenário internacional da dependência brasileira.

Tão claramente moderno é o projeto de Costa Pinto que a idéia de planificação e de "ciência do desenvolvimento" repousam exatamente sobre alguns dos fundamentos mais típicos da modernidade. A mobilização de toda a sociedade, com uma contribuição racional e planificadora do Estado cumprindo papel decisivo, se coloca para ele como crucial. Aqui uma breve digressão far-se-á necessária.

A noção de subjetividade que se inaugura com Descartes e Hobbes incluía dois elementos fundamentais: a capacidade do indivíduo de se autoconhecer e definir (exemplarmente traduzidos no "penso, logo existo"), de um lado, e a capacidade de ação do sujeito, que o faria capaz de levar à prática suas volições, influindo então sobre o mundo de forma ativa. Resta acrescentar que essas volições seriam derivadas de seu autoconhecimento (do saber de seus interesses) racionalmente alcançado. Se num primeiro momento o indivíduo surge como o dado primordial, o Estado encarnaria a outra face dessa moeda a seguir. Fosse como expressão de um pacto entre os cidadãos, como representante da vontade geral ou como entidade superior e primordial capaz de emprestar sentido à própria sociedade, o Estado foi ele pensado também em termos do modelo de subjetividade originalmente atribuído ao indivíduo burguês: centrado, transparente e racional, capaz de ação concertada e transformadora (ainda que amiúde direcionada para a conservação do *status quo*). Ele se apresentava, portanto, como a subjetividade coletiva fundamental do pensamento burguês, a princípio inclusive excluindo quaisquer outras (classes, associações, sindicatos etc.) que se interpusessem entre ele e o mercado e o mundo privado dos indivíduos (ver Domingues, 1995a e 1996).

Autores contemporâneos de Costa Pinto, como Parsons e Etizioni, elaboraram essas idéias exemplarmente. O primeiro analisa o "poder" como "meio de intercâmbio" que, supondo a ameaça da "força" como pano de fundo, garante a *performance* das unidades em termos de metas coletivas, forjando compromissos e promovendo sua "mobilização"; o segundo busca entender as condições em que a "sociedade ativa" — ou seja, aquela com "comando" sobre si mesma, "consciente, compromissada e potente" — pode vingar e responsabilizar-se por sua "mobilização" — com o Estado cumprindo aí papel decisivo (Parsons, 1963 e 1964; Etizioni, 1968, pp. 4-5 e 387ss). Mais que um eco dessas discussões reverbera nos textos de Costa Pinto. O marxismo (sobretudo no Brasil) e a socialdemocracia, de qualquer forma, abraçaram em grande medida esse mesmo ponto de vista, ainda que a princípio o primeiro fosse crítico da modernidade capitalista ocidental (cf. Domingues, 1999a, caps. 6-7). Agregue-se a isso que a sociologia implícita nas propostas da CEPAL de reforma econômica articulada à reforma social compartilhavam também elas a centralidade do Estado e da planificação, conquanto mudanças nos grupos sociais fossem igualmente entrevistas (Falleto, 1996).

Não me parece haver dúvida de que essa crença extremamente moderna na eficiência do Estado, embora não esgote a questão, como veremos adiante, ainda hoje se justifica e se faz necessária, em grande medida. Isso me soa verdadeiro tanto na promoção da mudança da posição internacional do Brasil quanto em termos do "desenvolvimento", isto é, de uma modernização democrática que valorize a construção de uma cidadania universal no Brasil contemporâneo.

No que se refere ao desenvolvimento em termos econômicos e, em particular, mas não somente, no que tange às relações do Brasil com o mundo econômico da globalização, isso soa verdadeiro hoje, de acordo com o modelo mannheimiano que se poderia supor informar o projeto de governo de Fernando Henrique Cardoso e seu grupo sobretudo paulista. A idéia de uma modernização de cima, organizada por uma *intelligentsia* capaz de modernizar todos os setores da sociedade brasileira, as classes, o Estado, o serviço público e a economia privada, é testemunho desse projeto, que na USP em particular teve em Florestan Fernandes seu animador original,[3] embora o impulso democrático subjacente a seu pensamento tenha em grande parte se perdido. Seria igualmente verdadeiro se analisássemos as perspectivas de um modelo alternativo neodesenvolvimentista que informa a maior parte da oposição, ainda que sem que se apresentem caminhos programáticos claros, com a diferença de que o Estado seria mais permanentemente responsável pelo processo de modernização.

A questão aí se bifurca. Primeiramente, colocam-se as questões da nova dependência. Por um lado, com o fracasso

---

[3] A sugestão, nesse sentido correta, procede de Martins (1996). Ver, sobretudo, Fernandes (1976) e "A concepção de ciência política de K. Mannheim" e "O conhecimento sociológico e os processos políticos", em Fernandes (1969). Além disso, quando se pensa a composição das equipes econômicas governamentais, a questão dos intelectuais não pode ser secundarizada. Ver Loureiro (1998).

da maioria das tentativas de desenvolvimento, no que toca a suas características dentro da nova divisão internacional do trabalho, com o centro crescentemente se afirmando como produtor de alta tecnologia e serviços, de forma "reflexiva", o que é acompanhado da redução de sua indústria, e a "semi"-periferia, caso do Brasil, especializa-se na indústria pesada. Por outro lado, no que se refere à estruturação desta internamente, em termos de seu caráter (fordista, pós-fordista, "*sweat shops*" etc.), aparentemente por seu turno pouco reflexivo (cf. Amin, 1990; Sklair, 1991; Lash e Urry, 1994; Hirst e Thompson, 1996). Mas, em segundo lugar, em termos do que seriam as alternativas possíveis dentro dessa divisão internacional do trabalho e do desenvolvimento "dependente e associado", descrito por Cardoso e Falleto (1970), e que continua a nos caracterizar, em nosso sucesso relativo. O continente que elaborou mais amplamente a teoria da dependência, a despeito dos muitos problemas desta, vê-se desarmado teórica e praticamente diante da renovação daquela situação de subordinação (Pécault, 1985).[4] Como combinarem Estado, empresa privada e produção de conhecimento, gerando redes mais ou menos avançadas em termos de tecnologia, é questão que deve estar no centro desse debate, como é o caso em geral na maior parte dos países capitalistas avançados (ver, por exemplo, Piore e Sabel, 1984; Sklair, 1993; Lash e Urry, 1994; Domingues, 1999a, cap. 6, e 1999b, cap. 2).

No tocante à construção da cidadania, permanece muito

---

[4] Um dos poucos exemplos em contrário é Castañeda (1993), caps. 10 e 14; ou Gomes e Unger (1996); ou ainda, de modo equivocadamente nacional-libertador, ao estilo das décadas de 1930-50 (para não falar de seu revolucionarismo subjacente), Benjamin *et al.* (1998).

de legítimo nessa suposição de uma mobilização social que teria no Estado seu epicentro organizador. A única forma de universalizar, em todos os planos — o civil, o político e o social —, a cidadania é atribuir ao Estado a capacidade fiscal e operacional, bem como a legitimidade política, para propor e efetivar políticas que, para além de programas assistenciais e/ou emergenciais, façam direito real de todos os brasileiros o desfrute de padrões contemporâneos de garantia de integridade física e moral, de participação política e dos serviços de bem-estar social. O Brasil é um país rico o suficiente para tanto. Todavia, é nesse passo que me parece ser necessário estender a reflexão e abri-la a discussões contemporâneas que precisamente buscam ir além da cidadania, rompendo, nesse sentido, parcialmente com uma concepção moderna de política social. O "desenvolvimento" tomaria, portanto, um outro caráter, e a idéia de Costa Pinto de pensar as "invenções" na vida social (Costa Pinto, 1963a, pp. 106ss) se fazem justificadas, sem que, entretanto, se recomende o planejamento para efetuá-las; muito pelo contrário.

MODERNIDADE, REFLEXIVIDADE E OS INTELECTUAIS

Para que possamos começar a pensar essa questão, é mister observar que — embora o Brasil não seja de modo algum um país marcado por rupturas em sua história, e que tampouco sua modernização em termos de desenvolvimento tenha ocorrido em um leito harmonizador das diversas dimensões de sua vida social, ocorrendo sim de modo "desigual e combinado" e extremamente excludente — a passagem do Brasil para a civilização moderna, iniciando-se com a "revolução encapuçada" da Independência, para fazer recurso à expressão de Fernandes, acelerou-se a partir da década de 1920 e se completou na década de 1980. As instituições da modernidade, a "ordem competitiva", o capitalismo, o Estado racional-legal (ainda que mesclado ao neopatrimonialismo), formas de consciência individualistas e utilitárias, família nuclear, uma forte crença no progresso, prevalecem largamente na sociedade brasileira contemporânea. Modernização significa agora não romper com o tradicional, mas sim renovar, de uma forma ou de outra, a modernidade, seja democrática seja autoritariamente, quer a tratemos de modo dogmático — buscando o aprofundamento de suas instituições pura e simplesmente — ou a encaremos de modo aberto e reflexivo, com o questionamento de seus valores e padrões de relacionamento social (cf. Domingues, 1999a, cap. 5). Sem dúvida, tradições prémodernas, democratizantes ou autoritárias, ainda vigoram na sociedade brasileira. No entanto, se para Costa Pinto o arcaico, o tradicional, era preponderante na conspiração que segregava o presente para estiolar nosso futuro, hoje ele é mero coadjuvante no bloqueio que mormente o moderno exerce, em muitos de seus aspectos, contra a democracia e o "desenvolvimento" do país.

A modernidade brasileira em seus desenvolvimentos recentes tem sido impulsionada por processos poderosos de "desencaixe" dos sujeitos de laços mais firmes e estáveis, inclusive hoje em termos da estruturação subjetiva de indivíduos e coletividades enquanto trabalhadores; processos de individuação se acentuam, a família muda, a posição da mulher se altera; uma "democratização" social, ligada a essa individualização e ao menos à reivindicação de cidadania, avança; a economia sente a demanda de um funcionamento mais flexível e eficiente nos próprios processos produtivos; a diversificação do consumo coloca para os sujeitos uma multiplicidade crescente de opções, desde, é claro, que façam parte daqueles em condições mínimas de a ele terem acesso. Ou seja, a existência individual se faz potencialmente mais aberta. Mas, a exemplo do que ocorre com a inserção do Brasil na ordem capitalista globalizada, parece que o desdobrar da modernidade brasileira contemporânea — isto é, os projetos, comportamentos e conseqüências não-intencionais do movimento dos sujeitos que a tecem — tem buscado exclusivamente em algumas dimensões, ainda que mais parcialmente em outras, aprofundar exatamente as instituições modernas a que anteriormente me referi. Sem dúvida, também entre nós os efeitos de instabilidade provocados por uma modernidade que tudo dissolve no ar fazem-se sentir, demandando cada vez mais da capacidade reflexiva dos atores que, se costuma ser uma característica fundamental da espécie humana, em face do redemoinho moderno adquire ainda maior destaque. Porém, a reflexividade tem sido utilizada para enfrentar aqueles desencaixes de modo que tende a se autocancelar: busca-se reconstruir identidades modernas tradicionais, por meio das quais o reencaixe dos sujeitos se realize em termos do reforço das instituições e formas de consciência tradicionais da modernidade. Com isso, novas formas de organizar a vida coletiva e individual tendem a ser descartadas e desresponsabiliza-se a reflexividade de atuar criativamente; ao contrário, a reflexividade acaba por tentar jogar papel conservador, defendendo a modernidade dos impasses por ela mesma gerados. Garantem-se instituições e formas de consciência, oferecendo-se paz de espírito aos sujeitos, que encontram um escoadouro naquelas para as ansiedades que a instabilidade da identidade pode engendrar. Se essa é uma solução que efetivamente funcionará no longo prazo é algo que ainda precisaremos examinar no futuro, se bem que tensões provavelmente venham a se acumular se persistirmos nessa direção. Importa aqui examinar brevemente o papel que os intelectuais podem cumprir nessa situação.

Em outro texto (Domingues, 1997), ao discutir a obra de Hayek, argumentei que o horizonte da civilização contemporânea não pode ser capturado inteiramente pelas instituições econômicas da modernidade, seja pelo mercado, hoje preeminente no pensamento e na prática, seja, por outro lado, pelo Estado. Teleologias históricas não cabem nem numa coordenada socialista nem numa capitalista (mesmo que se reconheça certa inevitabilidade, ao menos momentânea e circunstancial, mas não total e eterna, num desenvolvimento "dependente e associado"). Evidentemente, por maiores que se apresentem os constrangimentos e limites impostos pelas relações econômicas internacionais, é necessário recusar qualquer panacéia que afirme que um modelo específico é a única solução para o desenvolvimento econômico, em particular quando ele implica o bloqueio daquele tipo mais amplo de desenvolvimento a que se referia Costa Pinto. Até porque, nesse campo em particular, "invenções" se fazem urgentíssimas, pois, ao que tudo indica, os prognósticos internacionais não são nada positivos no momento e poucas opções de política econômica e modelos de desenvolvimento por outro lado se sugerem. Há muito trabalho por se fazer nessa área.

No que tange às relações internas à sociedade brasileira, a questão tende mesmo a se ampliar. Pois, afinal, basta-nos aprofundar a modernidade entre nós ou será necessário ir além dela em muitos planos? É possível supor que a modernidade é garantia de liberdade no mundo contemporâneo? Serão capazes o mercado e o Estado de dar solução às demandas sociais, materiais e espirituais? A pergunta pode soar, evidentemente, oca e sem sentido em uma sociedade, como a brasileira, que nem sequer conseguiu estabelecer efetivamente os princípios básicos da cidadania e onde a pobreza é tão prevalecente. Mas cabe avançar a questão, por dois motivos. Em primeiro lugar, porque muitas das soluções da própria modernidade, em termos mais gerais, parecem exaustas ou ao menos padecer de sérias limitações nos países centrais da civilização moderna. As crises do Estado do Bem-Estar Social e da "sociedade do trabalho" nos países europeus e mesmo nos Estados Unidos são apenas dois exemplos entre muitos. Isso para não falar nos problemas intrínsecos que a estruturação da modernidade nesses países levantou, no que se refere à inevitabilidade de profundas desigualdades em sociedades em que o princípio do mercado tem preeminência ou no que toca à diminuição da liberdade individual, sob certos aspectos, em que o caráter normalizador e homogeneizador do Estado veio a dominar. Mas a questão não se esgota nisso. Pois, vale perguntar, deveríamos apenas apostar numa via de modernização tradicionalista que vencesse essa etapa moderna para só então tentar refletir sobre os problemas e limites da própria modernidade? Faria sentido recuperar uma visão *etapista* da história, que, ademais, se paralisa hoje na própria modernidade, uma vez que resta pouco do projeto de passagem para uma sociedade socialista, ao menos nos moldes marxistas em que tradicionalmente foi pensada (Domingues, 1989)? Não me parece ser esta uma posição sustentável, requerendo, portanto, que se leve o problema mais além de onde ela o deixa.

Em face dessas indagações, o papel do intelectual, inclusive daquele que acha sua inserção na universidade, pode ser pensado como duplo. De um lado, cumpre trabalhar na direção de estabelecer e enraizar o núcleo de algumas instituições e formas de consciência modernas que garantam alguns de seus aspectos fundamentais e democratizantes — a cidadania e a igualdade — na sociedade brasileira, tão avessa a essas práticas. De outro, como fazê-lo, sem perder de vista desde já a abertura à heterogeneização das formas de vida social que os desencaixes das identidades e a mutabilidade das práticas sociais permite? Em outras palavras, como combinar cidadania e igualdade com reflexividade (que permite a destradicionalização da modernidade) e liberdade, encetando novas soluções para os problemas que a modernidade criou, mas que talvez não possam ser hoje solucionados e nem sequer pensados dentro de seus próprios limites? Essas são perguntas decisivas e complexas, não sendo possível de fato lidar com elas neste espaço (ver contudo Domingues, 1999a, caps. 6-7).

Basta assinalar que isso não pode ser feito de modo absolutamente centrado, perfazendo um movimento único — centralizado pelo Estado —, como supunha Costa Pinto com seu modelo de desenvolvimento e "mobilização social". Ao contrário, requer múltiplas "subjetividades coletivas", mais ou menos centradas elas mesmas, com um *descentramento* da mobilização social. Não caberia ao Estado, com seu papel intrinsecamente homogeneizador e nivelador das práticas sociais, trabalhar para garantir a liberdade e a reflexividade. Ou melhor, ele deveria ser responsável por criar as precondições para isso, por meio de políticas universais da cidadania que aumentassem a capacidade de intervenção dos sujeitos sobre suas vidas e, assim, sua liberdade para fazer opções. Todavia, a escolha de como fazê-lo deveria ser deixada para os indivíduos e as coletividades (movimentos sociais, "comunidades" etc.), que poderiam então reflexivamente trabalhar para construir seus próprios caminhos, suas práticas sociais, de modo autônomo e criativo. Nesse plano, aquele da especificidade de políticas públicas que podem ser muito variadas (mais ainda do que aquelas tradicionalmente modernas, pois menos homogêneas), mas que têm em comum uma abertura reflexiva da modernidade, os cientistas sociais teriam relevante papel a cumprir, combinando de maneira diferente universalismo e particularismo.

Ora, isso demanda um tipo de intelectual capaz, certamente, de apaixonar-se pelo Brasil, por seus problemas, e de resgatar a herança intelectual daqueles que lutaram para torná-lo uma nação moderna. Pede um tipo de intelectual capaz de especializar-se e, seja junto aos movimentos sociais e "comunidades", seja junto às esferas estatais de política pública, exercer seu ofício de forma eficiente e particularizada. Além disso, é preciso que ele, de modo a não se perder na especificidade de seus objetos, seja capaz de interpelar a tradição sociológica clássica, que encarou a emergência da modernidade (Werneck Vianna, 1997, pp. 391-2). Todavia, não seria correto desconhecer as modificações que essa fase avançada da modernidade vem colocando para as ciências sociais, transformando em grande medida mesmo seu objeto. Sem sustentar uma adesão completa a sua perspectiva historicista, vale retomar a observação de Marx (1858, pp. 103ss) quanto ao homem como chave para compreender a anatomia do macaco. Os desdobramentos da modernidade não são retilíneos nem necessários desde os séculos XVIII e XIX até esta virada de milênio em que vivemos; o fato é que seus princípios de organização têm variado ao longo do tempo e têm experimentado por vezes transformações de grande monta; além disso, ela é múltipla, em seu estabelecimento em várias regiões do mundo. Malgrado a genialidade de autores como Marx, Weber e Durkheim, entre outros, seria muito pedir a eles que há cem ou 150 anos fossem capazes de divisar toda essa trajetória da modernidade. Ao contrário, é olhando para trás com a experiência que temos hoje que podemos perceber o que havia de entendimento generalizável em suas teorias e o que dizia respeito somente às particularidades da modernidade européia do século XIX. Se não é correto subestimar a capacidade de previsão daqueles autores, não seríamos lúcidos, tampouco, se não reconhecêssemos, com Hegel, que o mocho de Minerva voa somente ao entardecer, com o processo plenamente concluído, ou pelo menos quando a hora já vai adiantada.

Assim, constata-se que teoria clássica e o pensamento social brasileiro não são em si suficientes para conceituar, para teorizar essas modificações e multiplicidade da modernidade e o novo quadro geral que sem dúvida se apresenta hoje, embora a sociedade brasileira tente aferrar-se a uma identidade basicamente moderna. Uma teoria social contemporânea, com grande nível de generalidade e complexidade, faz-se imprescindível. A chamada "crise dos paradigmas" — que no sentido usual da frase não me parece existir, pois a instabilidade e a pluralidade caraterizam perenemente as ciências sociais — só faz sentido se pensada nesses termos, ou seja, no que se refere à necessidade de novas perspectivas gerais para pensar o mundo contemporâneo. A complexidade crescente das sociedades modernas, com a multiplicação das esferas institucionais e de valor, mais a pluralização dos movimentos sociais, implica temas particulares que demandam respostas de intelectuais que tendem a se especializar. Nada há nisso, contudo, que diminua a importância das questões gerais da sociedade nessa fase da modernidade avançada.

Uma *intelligentsia*, ao estilo sugerido por Costa Pinto, tem poucas chances de obter sucesso hoje, ainda que o peso da intelectualidade, sobretudo uspiana, no governo de Fernando Henrique Cardoso deva nos prevenir para não levar o argumento longe demais. Já na década de 1960, Tourcuato Di Tella chamava a atenção para a necessidade de "especialização funcional" dos intelectuais, caso quisessem efetivamente adquirir influência social e política em sociedades cada vez mais complexas como as "latino-americanas" (Di Tella, 1969). Seja como for, e ele parece ter razão, no plano do pensamento e da pesquisa e no engajamento, o que se acha na ordem do dia é como combinar particularidade e universalidade, modernidade e reflexividade. Com isso, democratização e cidadania, liberdade e pluralidade, talvez venham a receber a continuidade da contribuição que merecem dos cientistas sociais brasileiros.

CAPÍTULO 7 Amartya Sen, a liberdade e o desenvolvimento[1]

---

[1] Publicado em *Novos Estudos CEBRAP*, n.º 65 (2003).

O DESENVOLVIMENTO — OUTRORA

Certas verdades, em certos períodos históricos, soam simplesmente óbvias; ou então, se há divergência com pontos de vista igualmente fortes, tais verdades ao menos parecem óbvias para um vasto número de pessoas. Em contrapartida, uma vez que mude a situação, elas podem ser vistas ou julgadas como absurdas, ou ser simplesmente esquecidas ou empurradas para as margens, embora talvez alguns daqueles que lhes são indiferentes pudessem de fato afirmar sua razoabilidade até certo ponto se fossem diretamente inquiridos. Essas parecem ter sido a história e o destino do conceito de desenvolvimento tal qual foi pensado há algumas décadas. Na verdade, de uma posição de destaque, o desenvolvimento como a mudança dos traços internos dos países, porém também das relações entre eles, tem sido deslocado ou tido seu significado tão alterado a ponto de não implicar de modo algum aquele tipo de mudança profunda e de largo alcance. Tome-se, por exemplo, algumas afirmações de economistas que tentaram uma posição revisionista de certas teses da CEPAL, a Comissão Econômica para a América Latina. Ao passo que o crescimento da riqueza material era decerto uma questão para eles, sublinharam contudo que

> (...) o subdesenvolvimento é parte do processo histórico global do desenvolvimento, que tanto um quanto o outro são processos historicamente vinculados, duas faces da mesma moeda, quer dizer, que interatuam e se condicionam mutuamente e sua expressão geográfica concreta dá-se em dois grandes dualismos: de um lado, a divisão do mundo entre os Estados nacionais industrializados (avançados, desenvolvidos, "centrais") e os Estados nacionais subdesenvolvidos (atrasados, pobres, "periféricos", dependentes); e por outro lado a divisão, dentro dos Estados nacionais, entre áreas, grupos sociais e atividades avançadas e modernas e áreas, grupos e atividades atrasadas, primitivas e dependentes (Sunkel e Paz, 1974: 42-3).

Estavam, portanto, preocupados tanto com o aspecto internacional quanto com aquele interno do desenvolvimento, conquanto sua forma de articular a questão pudesse ser considerada algo "politicamente incorreta" hoje em dia. Mas esse tipo de abordagem parece ter caído em grande medida no esquecimento. Em seu lugar, o desenvolvimento converteu-se em um problema de crescimento econômico puro e simples ou em uma questão de mudança das perspectivas e vidas das pessoas individualmente.

A primeira posição, que cuida basicamente do crescimento econômico, tem sido explícita e pesadamente influenciada pelo neoliberalismo puro-sangue, pela economia neoclássica, pelo Fundo Monetário Internacional (FMI) e por posições e agências similares. Ela adquiriu de fato uma dominância que tem a ver com os impasses do desenvolvimento nas décadas de 1960 e 1970, porém também com mudanças de clima intelectual e hegemonia (ver Biersteker, 1992). Não me deterei aqui nesse tópico, porquanto a questão demande discussões econômicas e venha sendo, em termos políticos, amplamente debatida e criticada, a despeito de não haver significado por ora mudanças efetivas de pensamento e prática — e porque não se sabe bem que tipo de caminho tomar de modo a retomar aqueles esforços anteriores. Este artigo concentrar-se-á, por conseguinte, no outro tipo de perspectiva contida naquela segunda possibilidade, mais sutil e de fato em expansão. Especificamente, ocupar-nos-emos de alguns aspectos da concepção de Amartya Sen da liberdade e da capacidade como desenvolvimento, que irei, não obstante sua evidente generosidade e distância da economia neoclássica, criticar como parte intrínseca do desmonte de estratégias gerais de desenvolvimento que visam superar a dominação e a desigualdade no plano global, sem prejuízo, é claro, da superação de desigualdades e da dominação dentro de nações, países e regiões. Minha crítica tomará basicamente duas direções. Primeiramente, a forma com qual Sen lida com a liberdade e as capacidades é problemática: uma melhor forma de articular essa temática pode ser encontrada. Em segundo lugar, argumentarei que ele dilui os conceitos de liberdade e igualdade, e que devemos nos contrapor a esse movimento. Sugerirei, então, que a fragmentação da modernidade e sua incapacidade atual de lidar com o problema da dominação responde pelo tipo de abordagem fraca que encontramos na obra de Sen e pela rejeição de uma concepção mais forte e assertiva do desenvolvimento.

Isso não quer dizer que Sen não tenha jamais confrontado o problema. É verdade que ele não sugeriu soluções para seus impasses, mas de fato o contemplou, e é seu simples abandono dessa problemática que torna sua posição atual mais reveladora e lúgubre. Por exemplo, ao avaliar a visão sorumbática de Albert Hirschman da economia do desenvolvimento, Sen defendera o valor da disciplina e argumentara que seu "obituário" talvez se mostrasse "prematuro". Seus temas originais, embora incompletos, não haviam errado inteiramente de alvo; ela tinha "um papel central a desempenhar no campo do crescimento econômico nos países em desenvolvimento". Ele já introduzira questões de "titularidade" e "capacidade", bem como fatores políticos, de uma forma que funcionava como uma prévia de seus interesses e direções futuras, logo como crucial para o devir da economia do desenvolvimento, conquanto, em termos de fatores do crescimento econômico, julgasse a disciplina bastante percuciente (Sen, 1983). Neste momento, contudo, quando essas questões tradicionais da disciplina poderiam, e deveriam, creio, reemergir ao estar a globalização em tela, Sen não tem nada, ou tem muito pouco, a dizer sobre essa situação; de qualquer forma, ele não recorre de modo algum à economia do desenvolvimento que antes elogiara: em seu lugar, o desenvolvimento é visto em certa medida como a "ampliação dos padrões de vida" e especialmente como a "ampliação da liberdade" (Sen, 2000). Ademais, no que tange à "justiça global", Sen está fundamentalmente interessado não em diferenças e desigualdades entre países — um problema de "eqüidade internacional" —, mas sim em diferenças e desigualdades entre indivíduos (Sen, 2001), conquanto não desconheça as possíveis limitações da globalização e a necessidade de uma distribuição justa de benefícios que dela derivam — ainda que de uma maneira vaga (Sen, 2002).

Debrucemo-nos agora sobre seus escritos acerca da desigualdade, do "desenvolvimento como liberdade" e de capacidades de modo a julgarmos sua adequação e alcance.

DESIGUALDADE, LIBERDADE E CAPACIDADE

Sen tem sido um autor muito prolixo, tratando de muitos assuntos e retornando a eles várias vezes, introduzindo revisões e variações. Isso tem resultado em certo grau de dispersão de suas idéias e em um bocado de repetição. Concentrar-me-ei aqui em uns poucos textos, mais maduros, em torno dos temas da *liberdade, igualdade, capacidade, funcionamento* e *desenvolvimento*. A racionalidade e a análise da informação, sua crítica implícita de grande parte da teoria econômica, seu ataque ao utilitarismo e sua explícita reivindicação da ética no campo daquela disciplina não nos ocuparão no que se segue. Algumas daquelas questões podem ser relevantes quando se tenta "operacionalizar" sua abordagem, por exemplo com respeito à redução da pobreza (Alkine, 2002). Para os objetivos deste artigo, isto é, em termos da elaboração do quadro conceitual de Sen, não são tão importantes quanto aquelas categorias principais.

Tal como proposta em especial em *A desigualdade reexaminada*, de 1992, a discussão de Sen acerca da igualdade é um bom ponto de partida para nossa análise. Ele estava de fato ciente da conexão entre liberdade e igualdade — conquanto em uma forma que criticarei severamente depois — e nos dizia que pensara inclusive em evidenciar isso no título da monografia (Sen, 1992, p. xi). Absteve-se de fazê-lo, contudo, concentrando-se em elaborar uma concepção de igualdade, ainda que, no entanto, tornando claros alguns de seus vínculos com a liberdade. Para ele, a questão central em tela era: "igualdade de quê?" (Sen, 1992, p. ix). Esse era também o título de uma contribuição anterior sobre a questão, proposta de forma concisa porém clara, que Sen (1980) publicara uma década antes. Segundo ele, todas as abordagens da ética que "(...)resistiram ao teste do tempo" querem a "igualdade de alguma coisa". A igualdade consistia, portanto, em uma preocupação central para um grande número de autores, por exemplo Rawls e Nozick. Os bens primários (que Sen vê como meramente "meios para a liberdade") e direitos libertários abraçam todos a igualdade, de uma maneira ou de outra. O que difere em cada um deles é a escolha de "o quê", das "variáveis", e isto remete ao "fato empírico da diversidade humana". Assim, o igualitarismo em um campo requer sua "rejeição" em um outro. Quer dizer, à "multiplicidade de variáveis em termos das quais a igualdade pode ser julgada" corresponde a "heterogeneidade básica dos seres humanos". Diferimos largamente (no que tange a fortunas herdadas, ao meio, à idade, ao sexo, inclinação à doença, habilidades físicas e mentais) e, infelizmente, "(...) a poderosa retórica da 'igualdade dos homens' tende a desviar a atenção dessas diferenças". Isso tem "(...) o efeito de ignorar-se as variações interpessoais" e de ser assim "profundamente igualitário", porquanto esconda "(...) o fato de que a consideração igual de todos pode demandar um tratamento muito desigual em favor daqueles em situação de desvantagem" (Sen, 1992, pp. ix-xi, 1 e 20).

Basta notar a essa altura que Sen tende a abraçar aqui um tipo específico de perspectiva da justiça — o qual remete ao sentido forte, diferencial, de *eqüidade*. Não por acaso esse tem sido seu foco. Em vez de sustentar o igualitarismo, Sen inclina-se a dirigir sua generosidade para aqueles menos afortunados. Não por acaso esse é precisamente o tipo de concepção que encontramos em documentos e políticas do Fundo Monetário Internacional (FMI) e do Banco Mundial (instituição da qual Sen se encontra muito próximo), em sua compreensão da justiça como "eqüidade", em seus programas compensatórios e propostas de alívio à pobreza, e em esquemas de teste de meios e estratégias de seleção de "grupos-alvo" na política social.[2] Ademais, não é de modo algum claro a razão por que ele deveria juntar atributos sociais e naturais, como fez nas passagens anteriormente citadas — a não ser que, mais uma vez, seja a justiça como eqüidade, como o tratamento diferencial daqueles com menos recursos, o que se acha em pauta, antes que o nivelamento implicado pela igualdade tomada como uma condição social geral.[3] Retornarei a esse ponto adiante.

---

[2] Para questões conceituais, ver Barry (1965) pp. 152-4; e Domingues (2002a), cap. 3. Para a concepção do Banco Mundial, ver Nelson (1992), especialmente pp. 234-5 e 244.

[3] Vale também notar que Sen (1992, pp. 118-21) faz uma grande confusão com a discussão de Marx (1875) acerca da igualdade na *Crítica ao programa de Gotha*. Sua leitura implica que Marx não estivesse preocupado com as classes, porém antes com a diversidade humana em geral. Sen não mencionou a necessidade, para Marx, de manter-se a igualdade formal durante a fase socialista de transição e, pior ainda, implicitamente sugeriu a transposição da discussão de Marx sobre o fim da igualdade no comunismo para a sociedade capitalista moderna, obviamente sem assinalar as gritantes diferenças de contexto. De novo, é a eqüidade que se destaca na concepção de Sen da justiça, ao passo que a perspectiva de Marx pode ser entendida somente como calcada no próprio fim da justiça, para além do que é projetada como a possibilidade de alcançar-se a liberdade verdadeira; enquanto permanecemos nos limites do socialismo, logo da modernidade, a igualdade formal não deveria ser perdida de vista. Isso não significa necessariamente, creio, que não possamos nos beneficiar de esquemas que tenham um viés favorável aos menos afortunados e nos quais desigualdades severas e arraigadas sejam destarte combatidas.

Sen afirmou que a igualdade não deveria ser vista em termos abstratos e gerais. Dever-se-iam buscar maneiras mais precisas de entendê-la, que no fim das contas permitissem formas de política social mais específicas e focadas. Ele propôs que a igualdade fosse considerada em termos de uma "variável focal" que poderia ser então partida em seus aspectos elementares. Isto é o que chamou de "escolha do espaço", mediante uma analogia com pretensões cartesianas, o que levaria por seu turno a uma escolha de "espaço de avaliação" (Sen, 1992, pp. 2 e 20). Deve-se observar que Sen não descura inteiramente de "grupos" — classes e coletividades similares. Entretanto, foi bastante direto quanto à concepção meramente instrumental que isso enseja. É verdade, argumentou, que a análise da desigualdade deve amiúde proceder em termos de "variações intergrupais"; porém ele mesmo não tinha interesse em grupos em si, mas apenas no que se refere ao que aquelas variações poderiam dizer acerca da desigualdade "entre indivíduos colocados dentro de grupos" (Sen, 1992, p. 117). A essa altura precisamos nos voltar para o problema da capacidade, do funcionamento e da liberdade, uma vez que é isso que Sen efetivamente persegue, no que é apresentado como uma abordagem neo-aristotélica. A igualdade — da maneira fragmentada em que a retrata —, ou, antes, a eqüidade — da maneira sensível ao contexto e aos aspectos individuais, como ele a vê, bem como de modo extremamente individualista, em si problemático, como veremos —, refere-se a liberdades que são similarmente fragmentadas e discretas, algo que manieta a própria relação entre liberdade e capacidade tal qual ele a propõe.

Na própria abertura de seu *Desenvolvimento como liberdade*, no qual me concentrarei agora, Sen introduz as principais teses do livro:

> O desenvolvimento pode ser visto, argumenta-se aqui, como um processo de expansão das liberdades reais que desfrutam as pessoas. Enfocar a liberdade humana contrasta com concepções mais estreitas do desenvolvimento, como as que identificam o desenvolvimento com o crescimento do produto nacional bruto ou com o aumento da renda pessoal, ou com a industrialização, ou com o avanço tecnológico, ou com a modernização social(...) Ver o desenvolvimento em termos da expansão das liberdades substantivas dirige a atenção para os fins que tornam o desenvolvimento importante, antes que meramente para os meios que, entre outros, cumprem parte proeminente no processo (Sen 1999, p. 3).

Note-se, para começar, que o desenvolvimento não é jamais remetido a desigualdades — seja dentro de nações ou países ou entre eles. É apenas uma questão, uma vez mais, de preocupação com o indivíduo. A liberdade é, ademais, duplamente "central para o desenvolvimento": 1) pela "razão avaliativa", uma preocupação substantiva, mediante a qual a estimativa do progresso deve ser realizada dando conta da ampliação efetiva das "liberdades que as pessoas têm(...)"; e 2) pela "razão efetiva", que é instrumental no sentido de que a "realização do desenvolvimento" depende diretamente da "livre agência das pessoas" (Sen, 1999, p. 4). Esta última pode ser categorizada em certo número de "tipos de liberdade", incluindo liberdades políticas, facilidades econômicas (e, embora não necessariamente só, o mercado, e em especial o mercado livre de trabalho, tem um papel importante a desempenhar aqui), oportunidades sociais, garantias de transparência e segurança protetiva (Sen, 1999, pp. 6-10, 38-40 e 112-13). Alguns poderiam reclamar que Sen pouco se debruçou sobre a "liberdade negativa" em seus primeiros escritos (Qizilbash, 1996, p 159; ver, contudo, Sen, 1992, p. 87). Todavia, creio que, em suma e de qualquer forma, é precisamente a perspectiva geral do liberalismo que é sustentada aqui, especialmente no que diz respeito às liberdades instrumentais: a liberdade política, a abertura do mercado ao empreendimento, a liberdade quanto à servidão no trabalho, oportunidades para o avanço individual através do mérito e do trabalho, a segurança pessoal. Estes são todos pontos de vista absolutamente clássicos no que tange à liberdade, e nasceram na luta da burguesia ocidental contra os esquemas de dominação típicos da era feudal. Até aqui eu não teria nada a objetar a Sen. O problema é que há uma confusão óbvia em seu conceito mais específico de liberdade. Uma melhor conceituação pode ser encontrada para o tipo de questão que ele quer levantar. Até aí tudo bem, seria possível dizer de novo. O problema é que essa confusão não surge por acaso e sua concepção de "liberdades substantivas" é de fato o resultado de problemas sociais e políticos mais sérios. Este é sobretudo o caso de sua mistura da liberdade e da capacidade, assim como da simples multiplicação e fragmentação daquela.

Sen apresentou sua formulação desses conceitos centrais em um sem-número de ocasiões, textos que cita uns nos outros com freqüência. Contudo, podem-se ter duas visões do que resulta de sua leitura. Ou se trata de uma tese extremamente sintética e brilhante, exposta com elegância, de uma forma típica de grande parte da teoria econômica — embora seja também vinculada à filosofia neo-aristotélica —, ou ela é muito simples e não tão bem argumentada, não obstante as várias formas e lugares em que tem sido articulada por Sen. Pode ser que esta última perspectiva seja de fato injusta para com o aparato conceitual de Sen, mas haveria certa justificativa para esposá-la. Em *Desigualdade reexaminada*, por exemplo, Sen afirmou haver uma clara diferença entre "capacidades" — isto é, aquilo que podemos fazer, e somos capazes de fazer — e "funcionamentos realizados" — isto é, aquilo que podemos alcançar uma vez que tenhamos aquelas "capacidades". Ao passo que a avaliação do bem-estar da pessoa depende dos objetos de valor que ela pode mobilizar, logo, de seus funcionamentos e capacidades, esta última "reflete" a liberdade da pessoa de levar um tipo ou outro de vida, em outras palavras, os funcionamentos que ela pode realizar. Ele completa essa postulação com outras, que a meu ver não ajudam em nada, ao contrário: "a liberdade efetiva (*actual*)" seria assim "representada pela capacidade da pessoa" e a capacidade deveria ser vista como "representando a liberdade efetivamente desfrutada"; ela "representa a liberdade" (Sen, 1992, pp. 31ss). Até onde consigo ver, entretanto, "representar" alguma coisa significa no máximo *passar por* alguma coisa, e não pode ser concebido como equivalente à coisa em questão; ou, como os franceses poderiam dizer de forma tradicionalmente inefável: "tudo se passa *como se* a capacidade fosse a liberdade". Novamente, porém, "como se" não é de fato uma afirmação inteiramente clara. Isso quer dizer, portanto, que as capacidades deveriam ser compreendidas como um "reflexo" — exatamente como o de um objeto no espelho — da liberdade, mas não poderiam ser a liberdade propriamente dita.

Em vários momentos, Sen sugere, implícita ou explicitamente, que a liberdade é sinônimo de capacidade. Isso acontece quando nota que, até certa altura de *Desenvolvimento como liberdade* — após uma discussão sobre a pobreza como "privação de capacidade", ponto no qual se detém posteriormente também, uma vez que é em grande medida o foco do livro em seu todo —, ele vinha se "(...) concentrando em uma liberdade muito elementar: a habilidade de sobreviver antes que sucumbir à mortalidade prematura". Esta é, obviamente, argumentou então, uma "liberdade significativa", mas também havia outras muito relevantes (Sen, 1999, p. 24). Ele retoma a questão mais tarde no livro, conjurando ainda a noção de "espaço de avaliação", no qual aspectos substantivos poderiam ser discutidos, bem como a noção implícita de "eqüidade" como meio de atingir a justiça. Aqui o verbo *refletir* perde quase totalmente seu vínculo com a liberdade e as capacidades. Em vez disso se liga aos "funcionamentos". Assim, ele diz que "[o] conceito de 'funcionamentos', que possui raízes distintamente aristotélicas, reflete as várias coisas que uma pessoa pode considerar valioso fazer ou ser" (Sen, 1999, p. 75). O verbo *ser* — ensejando uma equivalência entre capacidade e liberdade — seria por seu turno mais adequado para enquadrar a forma pela qual a relação entre os dois conceitos aparece agora. Citemo-lo com certo vagar:

> Já há algum tempo venho tentando argumentar que, para muitos propósitos de avaliação, o "espaço" apropriado não é nem o das utilidades (como afirmado pelos welfaristas), nem o dos bens primários (como demandado por Rawls), mas aquele das liberdades substantivas — as capacidades — para escolher uma vida à qual se tenha razão de dar valor. Se o objeto é concentrar-se na oportunidade real do indivíduo para perseguir seus objetivos (como Rawls explicitamente recomenda), então se deveria levar em conta não apenas os bens primários que as pessoas têm respectivamente, porém a *conversão* dos bens primários na habilidade das pessoas de promoverem seus fins (...) A "capacidade" de uma pessoa se refere a combinações alternativas de funcionamento que são factíveis de serem atingidas por ela. A capacidade é, portanto, um tipo de liberdade: a liberdade substantiva de alcançar combinações alternativas de funcionamento (ou, dito de modo menos formal, a liberdade para alcançar vários estilos de vida) (Sen, 1999, pp. 74-5).

Mas a ambigüidade não desaparece, pois dois parágrafos abaixo da última citação ele retorna à idéia de que "o conjunto de capacidades representa a *liberdade* de realizar". Quando chegamos ao "foco avaliativo", a liberdade não é, contudo, mencionada, embora eu suponha que ela permaneça no cerne da questão. Seja como for, ele propõe que a avaliação da "abordagem da capacidade" repousa ou em "funcionamentos realizados" ou no "bloco da capacidade de alternativas". Eles podem e têm sido combinados na literatura (Sen, 1999, p. 75).

Ele recorre a essa construção de modo a retornar à pobreza, que vê como "privação de capacidade", detendo-se naquelas que são intrinsecamente importantes — uma vez que a renda (como a riqueza) é importante de forma apenas instrumental para gerar capacidades, cuja abordagem mais ampla tem, portanto, grandes vantagens (Sen, 1999, p. 87, e 14, para um comentário sobre a riqueza *vis-à-vis* em particular um ponto de vista aristotélico). Convém notar a essa altura, além de tudo, que, ao passo que sua discussão da desigualdade nesse livro é bastante breve e superficial — algo que fala por si —, ele parece cauteloso e menos entusiasmado com respeito a esse tema, perante o qual é até difícil divisar sua posição (Sen, 1999, pp. 92ss). É apenas mais tarde no livro que sua concepção se torna mais definida e a tradicional tese liberal que opõe a liberdade à igualdade é abertamente introduzida. Para ele pode haver conflitos entre "(1) ter-se menos desigualdade de liberdades e (2) conseguir-se tanta liberdade quanto possível para todos, a despeito de desigualdades" (Sen, 1999, pp. 285-86). É claro que essa absurda perspectiva — a meu ver — só pode fazer algum sentido na medida em que dependa de um corte e de uma articulação muito individualistas do problema da desigualdade, o que buscarei demonstrar como inteiramente equivocado, e em especial uma vez que a liberdade e a dominação sejam vistas como companheiras de viagem, como compatíveis, e não como opostas uma à outra. A última tese está implícita na obra de Sen, ao menos por *défault*, dependendo diretamente da cesura do elo entre liberdade e igualdade.

Nesse contexto, não é de admirar que a *cidadania* não seja nunca mencionada em *Desenvolvimento como liberdade*. Na verdade, ela não é jamais, em lugar algum até onde sei ou de qualquer maneira com alguma centralidade, mencionada no corpo de sua obra extensa e prolixa. Não é de admirar tampouco que esquemas de teste de meios e de seleção de grupos-alvo sejam centrais em suas discussões de política social (Sen, 1999, pp. 134-37),[4] naquele livro e alhures, de acordo precisamente com as recomendações de eqüidade do welfarismo liberal e em particular do Banco Mundial e do FMI. Basicamente, é a redução da pobreza, não de modo algum a luta contra a desigualdade, que se destaca em sua perspectiva e em sua concepção da liberdade, da "privação de capacidade" e das metas do desenvolvimento.

Vale aduzir que Sen também discutiu a liberdade em dois outros registros. Por um lado, contrastou a "realização de bem-estar" — a realização de coisas que constituem o bem-estar de uma pessoa — com a "liberdade de bem-estar" — a liberdade que se desfruta para realizar essas coisas. Por outro lado, opôs a "realização da agência" — o sucesso de uma pessoa na "busca" de suas metas e objetivos — à "liberdade de agência" — a liberdade que se desfruta para gerar realizações que se valorizam e assim tentar produzi-las (Sen, 1985a, pp. 203-21; 1992, pp. 56-62). Embora não retome a questão precisamente em conexão com a liberdade, mais

---

[4] Isso ocorre mesmo quando Sen (1999, p. 91) reconhece que a educação básica, o cuidado com a saúde e a distribuição da terra — todos eles elementos de fato de uma estratégia baseada na cidadania — têm sido cruciais no estado indiano de Kerala, sob influência cristã e comunista, em termos de combate à pobreza.

recentemente Sen de fato ajudou a esclarecer o papel da "agência" em seu pensamento quando afirmou que não usa o termo no sentido técnico que ele adquire na economia ou na teoria dos jogos (aquele de "principal-agente"), mas antes no sentido "mais antigo", "maior". Isto é, referindo-se a "(...) alguém que age e produz mudança, e cujas realizações podem ser julgadas em termos de seus próprios valores e objetivos, sejam estes estimados também em termos de algum critério externo ou não" (Sen, 1999, pp. 18-9).[5] Essas questões serão particularmente relevantes ao retomarmos a abordagem da capacidade e da liberdade, tanto no plano individual quanto no coletivo.

LIBERDADE, DOMINAÇÃO E CAPACIDADES

Ao se começar um argumento crítico à perspectiva de Sen, o primeiro movimento deve ser na verdade de elogio: em um mundo complexo como o nosso, no qual, seja na Índia, no Ocidente ou na América "Latina", a individualização e o pluralismo em termos de interesses e formas de vida são aspectos generalizados e em expansão, ele está coberto de razão ao rejeitar um conjunto de valores metafísicos e/ou últimos e um único estalão para medi-los. Nossa avaliação das capacidades não pode tencionar, em particular, superim-

---

[5] Alguma discussão complementar dessas questões pode ser encontrada em Sen (1985b, pp. 5ss), quando ele nota, por exemplo, que "as reais oportunidades que uma pessoa tem" deveriam ser vistas como "um tipo de noção de liberdade".

por tais critérios às pessoas, que devem, em contrapartida, ser vistas como portadoras de tal "direito" e responsabilidade. Nesse sentido, embora Sen possa reivindicar inspiração na ética de Aristóteles, especialmente em sua *Ética a Nicômaco*, ele não é de modo algum um neo-aristotélico ortodoxo, do tipo de Nussbaum, cuja abordagem seria próxima da sua e com quem já foi mais de uma vez comparado (ver Crocker, 1992; Alkire, 2002, especialmente cap. 2) ou MacIntyre (1981, pp. 3 e 8ss), para quem Sen seria com certeza definido como um adepto do "emotivismo", o tipo de abordagem subjetiva dos valores da qual aquele autor tem ojeriza e vê como um aspecto fundamental da civilização moderna. Essa é uma lição que Sen aprendeu com lucro para ele e para nós. A modernidade tem implicado um "desencaixe" de grande alcance para os indivíduos e as subjetividades coletivas dos contextos específicos e formas obrigatórias de vida (Domingues, 2002a: caps. 1-2). Somente meios autoritários poderiam reintroduzir um universo fechado *a priori* de valores e, portanto, um conjunto único de "capacidades" que todos valorizam, obrigatoriamente — um movimento que com certeza prejudicaria, como já o fez em outras ocasiões, ao menos em parte as liberdades democráticas "instrumentais" que Sen também acentua sobremaneira.

Entretanto, ao passo que as capacidades deveriam ser entendidas em termos plurais — quanto a isso estou inteiramente de acordo com Sen — deveríamos proceder com mais cuidado quando falamos da liberdade. Originalmente, a modernidade introduziu a liberdade como um conceito unificado em sua luta contra a ordem feudal. Era mister que os indivíduos tivessem uma liberdade sem peias para perseguir seus fins na sociedade, quaisquer que fossem eles, sem, é claro, avançar sobre a liberdade dos outros. O sistema de direitos finalmente sistematizou esse ponto de vista, fosse a liberdade percebida como anterior à organização da sociedade ou nascesse com a sociedade civil e o sistema legal. Era contra a dominação feudal que, de qualquer maneira, a liberdade se postava. Ninguém podia ter nenhuma sorte de controle sobre outrem. As pessoas eram totalmente livres e suas obrigações umas perante as outras derivavam apenas dos contratos que estabeleciam e eram assim julgados obrigatórios aos olhos do sistema legal. No primeiro contrato deste tipo, os indivíduos estabeleciam o pacto social que criava a sociedade e o Estado. Esse era, contudo, apenas um lado da moeda. Pois, ao passo que os indivíduos eram absolutamente livres segundo o credo liberal que acabou prevalecendo no desenvolvimento da modernidade, a dominação foi contrabandeada para dentro da vida social moderna, amiúde de forma tácita, pelo crescimento do capitalismo, bem como pelas desigualdades, estratificações e poderes diferenciais associados ao gênero, à raça, à nação e a outros tipos de coletividade. O socialismo em geral e o marxismo em particular denunciaram de forma decisiva esse fracasso da modernidade em pôr-se à altura de suas próprias promessas de liberar a humanidade e buscaram novos meios para atingir aqueles fins originais. Não modificaram, todavia, a idéia básica que herdaram da modernidade, especialmente do Esclarecimento: a liberdade poderia ser alcançada tão-somente se a dominação fosse por completo abolida e substituída por outros tipos de padrão social (cf. Márkus, 1999; Domingues, 2002a, caps. 1-4). As teorias do desenvolvimento, explícita ou implicitamente, recorreram a esse imaginário e tenderam a projetar uma relação entre as nações na qual deveriam ser todas livres de maneira igualitária.

Nada similar a isso pode ser infelizmente encontrado nas discussões de Sen e em suas propostas quanto a esse tópico. É alguma coisa muito mais próxima à concepção pré-moderna de liberdade que descobrimos em seus escritos. A fragmentação da liberdade como capacidade corresponde a várias imunidades que podiam ser encontradas no mundo feudal. É por isso que a igualdade tinha de ser também fragmentada. Enquanto para o Esclarecimento a liberdade tinha de ser vista como *liberdade igualitária* — uma perspectiva que Rawls retoma de maneira clara (1972, pp. 60 e 541-8), a despeito de sua inadequadamente argumentada ordenação hierárquica do par, dando prioridade à primeira —, Sen prefere quebrar o espaço-tempo em uma miríade de "espaços" avaliativos. Eu não levantaria objeções a isso, ao menos em certa medida (conquanto mesmo neste caso a introdução da cidadania social alterasse a situação até certo ponto), quisesse Sen falar somente de capacidades e funcionamentos. Argumentei a favor do pluralismo nessa conexão citada, mercê da complexidade, da individualização e do pluralismo da vida social contemporânea. Isso não é o mesmo que aceitar o pluralismo no que tange à liberdade e à igualdade. Ou a liberdade é igual para todos ou não é liberdade moderna; em vez disso é privilégio, de forma similar àqueles da era feudal. Não há recurso à "eqüidade" que mude isso, ao menos se o objetivo não é apenas remediar a situação antes que alterá-la em profundidade e definitivamente. Ademais, ou a liberdade se põe contra a dominação ou simplesmente não é liberdade, porém tão-somente a aceitação de um *status quo* no qual se admitem as desigualdades sociais, a dominação e o controle de certas coletividades sobre outras — classes, gêneros, raças, nações, estados — de forma mitigada e possivelmente muito ideologizada, sem questioná-las. De forma alguma deveríamos deitar fora as liberdades instrumentais de Sen. Mas mesmo nesse campo carecemos perguntar mais uma vez em que medida elas são operativas, uma vez que o poder econômico e político é tão desigualmente distribuído.

Mas podemos então entender por que, não obstante algumas perspectivas opostas (cf. Kerstnenetzky, 2000), a obra de Sen deve ser vista como preocupada principalmente com a pobreza extrema, encontrando seus limites exatamente nesse vínculo. Sen claramente quer garantir possibilidades básicas para uma vida decente e com sentido para cada indivíduo. Tome-se, por exemplo, a citação que extrai de Adam Smith sobre a capacidade mínima de aparecer de forma decente e com uma adequada apresentação em público, logo evitando a vergonha, como uma forma elementar de dignidade, embora admita variações consoante a riqueza geralmente disponível em cada país (Sen, 1999, p. 71). Há muito de recomendável em sua abordagem nesse sentido — no que se refere ao Terceiro Mundo, à sua Índia ou ao Brasil, assim como, cada vez mais, no que toca a certas áreas do centro do sistema global moderno hoje — e inclusive certa justificação para políticas de eqüidade, quer dizer, políticas que têm como alvo aqueles mais pobres em qualquer sociedade, não obstante fosse preferível — como argumentarei adiante

—, no que tange à política social, que a cidadania fosse universal. Como Vita (1999) argumentou, acima disso, todavia, a abordagem de Rawls (1972, pp. 90ss e 195ss) seria muito mais apropriada, demandando a "liberdade igualitária" e uma distribuição igual de "bens primários", bem como a cidadania, ainda que este autor oscile entre esta e uma mera referência aos "indivíduos".

De modo a elaborar um pouco mais a minha crítica e fornecer algo como um ponto de vista alternativo, gostaria de esboçar uma forma diferente e mais adequada de conceituar essas noções. Com isso, a observação de Cohen (1995) de que não é evidente o que se ganha com o uso da palavra "liberdade", na obra de Sen será justificada de forma consistente. Ao mesmo tempo, buscarei emprestar-lhe um significado mais preciso e incisivo.

Apoiando-me em trabalhos anteriores (Domingues, 1995a, caps. 8-9; 1999a, cap.1; 2002a, caps. 2 e 4), quero começar sugerindo que a "liberdade negativa" pode ser definida como um "conceito de oportunidade", significando que os arranjos e regras sociais não deveriam ser talhados de forma tal que impedissem quem quer que fosse de perseguir e realizar seus fins, ao passo que a "liberdade positiva" poderia ser vista como um "conceito de capacidade" (ver também Márkus, 1999, p. 288, nota 5). A liberdade é, nesse sentido, o que responde por sermos capazes de fazer algo, seja por permanecermos desimpedidos de fazê-lo ou por sermos capazes de aproveitar a possibilidade de fazê-lo. Destarte, gostaria de sugerir que esses dois aspectos deveriam ser vistos como os dois lados da mesma moeda — isto é, como duas formas de rejeitar a dominação e conquistar autonomia. Trata-se, portanto, sobretudo de uma distinção *analítica*. A liberdade de *agência* baseia-se nessas duas condições: na inexistência de barreiras externas — ao menos até o ponto em que atropelaria a liberdade de outrem — e a capacidade de agir individualmente e de nos movermos coletivamente. A extensão de nosso *impacto causal* no mundo — ou seja, em que medida, em uma tradição com efeito aristotélica, somos capazes de produzir mudança e estabilidade —, logo em que medida podemos "fazer uma diferença", individual e coletivamente, depende de nossa liberdade. Avançando um pouco mais, gostaria de sugerir que o *poder* como conceito pode ser compreendido de duas formas: ou como a capacidade de um ator de realizar o que ele ou ela quer, inclusive contra a resistência de outrem; ou como uma propriedade da coletividade. As duas abordagens podem ser, ademais, combinadas.

Com isso, a relação entre o poder e a liberdade se torna patente, e fica claro que os argumentos de Sen estão muito aquém de uma adequada apreciação da liberdade na modernidade. Pois se as pessoas têm capacidades diferentes, uma vez que tenham poder diferente umas perante as outras, não podem ser igualmente livres e, por conseguinte, umas seriam mais livres que as outras, tanto individual quanto coletivamente. Isso significa que o privilégio retorna ao palco e que é essa concepção da liberdade como capacidade que prevalece. Em outras palavras, *a liberdade torna-se incompatível com a igualdade*. Desigualdades representam privilégios em termos de capacidades e não respondem de modo adequado à moderna concepção da liberdade como o fim da dominação. A modernidade baseava-se em uma promessa dupla: autonomia para o indivíduo e dominação sobre a natureza, com o que aquela seria garantida desde que os "homens" não dominassem os "homens". A liberdade como privilégio nega essa equação, porquanto somente se a liberdade é igual para todos as pessoas não dominam umas as outras. Isso significa que não podemos aceitar a idéia de um pluralismo da liberdade e a sua concepção como pulverizada, do contrário a dominação se insinua uma vez mais e as próprias metas da modernidade são, saiba-se ou não, canceladas de fato.

Isso poderia ser visto como uma forma um tanto fora de moda de abordar o problema da liberdade. Entretanto, quaisquer que sejam as limitações que encontramos concretamente no presente para convertê-la em realidade, creio que não devemos abrir mão dessa intuição central da modernidade. Isso não é de modo algum fácil, é claro, uma vez que a modernidade veio à luz com uma tensão interna, constitutiva, e ninguém até hoje de fato descobriu como superá-la. A autonomia e a liberdade igualitária foram introduzidas ou asseguradas pela cidadania. Ao mesmo tempo, contudo, a dominação foi reintroduzida através precisamente do primeiro direito civil reconhecido, ou seja, o direito de propriedade. Ele era absolutamente crucial e instrumental para o capitalismo e, portanto, para a sociedade de classe, quer dizer, para a dominação de subjetividades coletivas sobre subjetividades coletivas. Ademais, as mulheres encontram-se subordinadas historicamente na modernidade por meio de um "contrato sexual" (Pateman, 1988), mas isso não parece ser um traço necessário do capitalismo. O mesmo ocorre com a dominação étnica e racial. As classes são, todavia, um elemento essencial da sociedade capitalista, que não sabemos, se não aderimos mais às estratégias de Marx, como superar. A cidadania social foi assim introduzida de modo a remediar essa situação e, como Marshall (1950) percebeu classicamente, tem desde então tido aquela tensão em seu cerne. Porém a cidadania atacou somente os efeitos daquela tensão: permitiu-se em grande medida que a dominação mantivesse seu impulso — embora o direito do trabalho também tenha tido certa interferência em suas operações e nas formas pelas quais os contratos são usados para subordinar os trabalhadores — e a distribuição, por intermédio dos direitos sociais, encontrava-se no centro das políticas do Estado do Bem-Estar Social — encetadas, ao menos em princípio, conquanto nem sempre, de maneira universalista, o que pode contribuir também para atacar aquelas outras formas de desigualdade e privilégio.

Socialdemocratas liberais como Rawls têm sido fiéis a esse tipo de modelo, dentro de uma certa gama de variações. Entretanto, Sen tomou outro caminho, e não se acha preocupado realmente com a liberdade igualitária ou a igualdade em termos de capacidades — nem sequer na esfera da distribuição. Ele se interessa apenas por garantir capacidades básicas ou por multiplicar as liberdades, sem jamais questionar, é claro, como esses problemas surgem no mundo, nem, além disso, buscar o fim dos privilégios no campo da distribuição. Sua abordagem, portanto, deveria ser vista, creio, como um recuo em relação à socialdemocracia. É bem adequada às políticas de "eqüidade" típicas dos programas compensatórios e de alívio à pobreza do neoliberalismo contemporâneo e acaba por fazer coro com ele intelectualmente no que se refere à sorte de programa que visa pôr em prática. A cidadania social e o Estado do Bem-Estar, esquemas filosóficos baseados em noções como a "posição original" rawlsiana no que concerne à esfera distributiva (malgrado não enfatizar, ao contrário por exemplo de Marshall, a questão das classes) e perspectivas similares e aparentadas não encaram a dominação, antes aceitando compromissos ou tentando driblá-la. Mas eles retêm aquele momento universalizante do liberalismo em seus estágios originalmente utópicos, com sua demanda de abolir a dominação e estabelecer a igualdade. Sen desistiu disso e contenta-se com medidas discretas que não requerem direitos universais e a igualdade das capacidades no reino da distribuição, para não falar daquele da produção e da propriedade.

É positivo e necessário encontrar novos caminhos para tratar da questão e do conceito de liberdade na modernidade avançada. Eu mesmo tendo a aceitar em parte o resultado do esforço de Sen, embora ao mesmo tempo tente corrigir suas limitações e propor o que a meu ver é um melhor tratamento do tópico no que tange à noção de "capacidade".[6] A dominação não deve ser perdida de vista quando tentamos renovar nossas perspetivas. Não é fácil hoje imaginar como capacidades iguais podem ser produzidas no centro da vida social, de modo a superar a dominação de classe e todas as desigualdades e privilégios que ela inevitavelmente engendra; tampouco é fácil dar cabo de outras desigualdades. Mas não há razão para desistir de tentar

---

[6]Tratei do pano de fundo relativo à agência e à causalidade (coletiva), e suas relações com a "capacidade", em Domingues (2003).

divisar caminhos e meios para chegar lá, ou ao menos manter o problema visível, se não abrimos mão das intuições de largo alcance da herança da modernidade, especialmente do Esclarecimento. Sobretudo não há razão para dar as costas a mistificações conceituais e abraçar a noção de privilégios e diluir as noções de liberdade e igualdade num sem-número de espaços amiúde sem importância e em esferas que na verdade consagram e legitimam a dominação e a desigualdade em grande escala na vida social. Isso vale para as relações de classe — e obviamente para as relações de gênero, raciais e étnicas —, bem como no que concerne às relações entre países e nações. A crítica da divisão internacional do trabalho, da dependência, do imperialismo ou como quer que chamemos as desigualdades e a dominação de nações e países uns sobre os outros deve ser retomada e com uma concepção mais larga e decidida da globalização e do desenvolvimento da liberdade — apoiando-se ou não na própria idéia de cidadania. É mister retomar o pensamento de como suas capacidades coletivas podem ser reforçadas e a igualdade atingida.

CONCLUSÃO

Após essa análise crítica das idéias de Sen, gostaria de voltar ao ponto principal aqui, de cunho político, para além das questões técnicas com que lidamos anteriormente. O desenvolvimento deve ser visto como articulado à liberdade, incluindo certo grau de "dominação" sobre a natureza

— conquanto esteja mais do que na hora de nos debruçarmos sobre estratégias ecologicamente sensatas e "sustentáveis" de nos relacionarmos com o mundo natural ao qual pertencemos —, bem como com o crescimento das capacidades de indivíduos e coletividades. Todavia, não podemos lograr isso inteiramente se focalizamos apenas indivíduos e capacidades específicas. As relações efetivas de dominação — e o acesso diferencial a posições sociais e recursos, as chances de vida radicalmente distintas e as oportunidades que diferentes subjetividades desfrutam — devem estar sempre em nosso horizonte analítico e político. Isso é verdade dentro das "sociedades", isto é, de forma extensa, aqueles sistemas sociais emoldurados pelo Estado moderno, bem como entre elas. Os diferenciais de poder e capacidade, logo, de "liberdade", entre estados e sociedades são enormes e parecem estar crescendo no mundo contemporâneo. Não posso entrar aqui no conteúdo substantivo dessas relações, nem investigar o mérito de abordagens que sugerem, por exemplo, que o desenvolvimento e o "subdesenvolvimento" estão estreitamente entrelaçados e que aquele depende da continuidade deste. Convém apenas notar que é absolutamente evidente que aquelas estratégias perderam seu prazo de validade e que uma abordagem renovada é necessária (ver o Capítulo 6 deste livro). A liberdade como questão coletiva e a liberdade igualitária globalmente como meta do desenvolvimento não podem ser, de qualquer forma, dissolvidas no desenvolvimento singularizado e desigual dos indivíduos através do mundo. Nesse sentido, Sen parece ter muito pouco a dizer no momento e suas idéias principais contribuem, provavelmente, para vender nossos olhos para esses problemas. Por isso, ele deve ser severamente criticado.

É de conhecimento geral que as idéias de Sen penetraram o Programa das Nações Unidas para o Desenvolvimento, especialmente o *Relatório do desenvolvimento humano* que ele produz (Alkire, 2002, p. 177), e tem tido, portanto, um papel positivo a cumprir na avaliação e no planejamento, de forma pluralista e democrática, em particular em países muito pobres e no que toca a populações bastante carentes. A generosidade e o impulso humanista de seu pensamento, tanto quanto outros aspectos das ciências humanas e dos valores humanos que não são de fato bem-vindos em grande parte do raciocínio econômico e da política social presentemente, não devem ser esquecidos quando suas idéias são criticadas. Mas precisamos avançar e aprofundar a questão para além de seu ponto de vista se queremos alcançar o desenvolvimento e corresponder às promessas e esperanças que a modernidade um dia nos concedeu. Devo finalmente observar que seria interessante apresentar aqui uma alternativa clara à perspectiva de Sen, no sentido de mostrar como tais requerimentos de igualdade global podem ser alcançados. Isso é, no entanto, para começar, uma questão prática que não pode ser confrontada apenas por intelectuais e pela teoria, especialmente nesta quadra histórica que não é de modo algum favorável a esses empreendimentos. Todavia, ventilar esses problemas e um ponto de vista intelectual alternativo é uma tarefa prévia nesse sentido, uma vez que a questão, isto é, a dominação globalmente e entre as classes, tem sido de todo obscurecida por desenvolvimentos práticos e intelectuais recentes. De modo a tratar de um problema, precisamos identificá-lo, de preferência também de forma conceitual, inclusive para podermos enfrentá-lo. Este foi o objetivo deste artigo.

CAPÍTULO 8 Modernidade global e análise civilizacional[1]

---
[1]Apresentado na conferência "Democracia e reconhecimento: um diálogo Norte-Sul", Berlim, 2002.

IDENTIDADES, CULTURA E INSTITUIÇÕES

Duas questões estão em geral em pauta quando pensamos sobre a modernidade: uma busca da identidade bem como uma tentativa de entender de maneira científica o mundo em que vivemos. Foi essa a dupla indagação que Weber (1905, p. 1) levantou ao perguntar sobre as implicações que os processos de racionalização guardavam para um filho do Ocidente no que tange a suas especificidades e à validade universal da configuração particular que emergira naquela área. Questões políticas derivam, é claro, diretamente disso. Neste texto, tratarei dessas duas questões. A teoria das civilizações oferecerá suporte a isso.

Nomeada desta forma ou não, e sendo geralmente intercambiável com a mais vaga noção intercultural de "Ocidente", a modernidade global tem de fato operado como um pano de fundo e elemento crucial para a construção da identidade nos últimos séculos. Tome-se, por exemplo, o debate que se alastrou pela América "Latina" nos séculos XIX e XX. Eram as pessoas que viviam naquela área membros do "Ocidente"? Deveriam buscar sê-lo? Seria isso possível? As respostas se multiplicaram, e a valoração positiva do Ocidente e a forma como se realizou, tinham a ver de alguma forma com a maneira como as populações locais eram estimadas pelas "elites" políticas e pelos intelectuais. Vale mencionar alguns exemplos. Sarmiento (1845) — um dos pais fundadores da Argentina — era taxativo quanto ao caminho a tomar: tínhamos de escolher entre "civilização ou barbárie", e lutou várias guerras contra qualquer coisa (incluindo a herança ibérica) que pudesse assemelhar-se à rejeição do Ocidente. Rodó (1900), algumas décadas depois, viu os imigrantes ocidentais supostamente materialistas como o personagem Caliban, de *A tempestade*, de Shakespeare, e trazendo exatamente a barbárie para seu país, o Uruguai, contra o cultivado e etéreo Ariel, com quem os intelectuais, isto é, Próspero, deveriam cerrar fileiras. Após a Revolução Cubana, Retamar (1971) retomou esse debate e afirmou que o povo era precisamente Caliban, explorado pelo colonialismo e pelo imperialismo, e que Próspero, uma representação dos intelectuais, deveria apoiar Caliban contra seus exploradores. Esse tipo de debate não tem sido em especial forte no continente nos últimos tempos, porém impulsos nessa direção decerto se escondem na modernidade aparentemente dada desses diversos países na seqüência da democratização e em face dos processos recentemente agudizados de globalização e talvez de um sentimento pós-modernista que lançou sérias dúvidas sobre a utilidade de tais caracterizações (Canclini, 1990).

Em paralelo com esse longo debate na área de colonização espanhola, discussões similares ocorreram no Brasil. De uma forma ou de outra, nossa especificidade, nossa relação com o Ocidente, o que deveríamos tomar dele, eram questões centrais. Vale notar que isso assumiu um tom particularmente dramático na medida em que, diferentemente de áreas como a Índia, a China ou o mundo islâmico, onde as pessoas estão plenamente cientes de não serem modernas ou ocidentais, a América que emergiu da colonização ibérica guardava uma relação *perpendicular* com a modernidade, ao mesmo tempo que *não existia* antes da expansão européia. Um problema profundo e ainda não resolvido de identidade surge a partir dessa situação desconfortável (ver o Capítulo 1 deste livro). Nesse sentido, projetos nacionais e/ou continentais eram disputados no espaço do que Rama (1984) caracterizou como uma platonista "cidade das letras", a qual tinha como ponto de partida não apenas o desenvolvimento social mas também explicitamente um problema de identidade.

À medida que as ciências sociais se devolveram mais, ao passo que a identidade permaneceu crucial, essa discussão assumiu, entretanto, uma face mais consistente e sociológica, especialmente no Brasil, onde o problema da relação entre a modernidade — ou simplesmente o capitalismo, como os marxistas prefeririam pôr a questão — e o passado do país se tornou uma obsessão absoluta para o pensamento social. Não posso me deter nisso aqui; basta notar que problemas culturais bem como temas institucionais se tornaram centrais para o debate.[2] O momento e os aspectos peculiares do desenvolvimento capitalista, as especificidades do Estado, a configuração básica dessas sociedades, capitalista, feudal, patrimonial ou o que quer que fosse; o núcleo holista ou individualista de

---

[2] Questões que, para ser justo, através de Montesquieu, Tocqueville e Cooper, haviam já figurado com destaque em Sarmiento, um impressionante cientista social à sua própria maneira. Ver Domingues (1988).

suas formas de consciência, entre outros aspectos, foram disputados com energia desde então. Mais uma vez um exemplo pode ajudar aqui. Três livros são vistos em geral como influências particularmente poderosas sobre a nova geração na década de 1930 (cf. Cândido, 1967): o estudo de Freyre (1933), orientado pela antropologia cultural e celebratório da mistura das raças, a compreensão weberiana de Holanda (1936) dos impasses da democracia e o esboço marxista de Prado Júnior (1934) do peculiar desenvolvimento capitalista do período colonial. Embora ao menos os dois primeiros daqueles livros tivessem óbvias ambições literárias, modernistas, não faziam parte de tal gênero dominante, nem compartilhavam a forte retórica e os fins imediatamente práticos das obras típicas do período anterior. Guardavam, todavia, fortes conseqüências no que toca às questões que seriam divisadas para o desenvolvimento do país — em termos de raça, democracia e revolução socialista. Portanto, se era claro que havia um aspecto normativo, nestes casos subjacente, na discussão, isto é, uma questão acerca do que deveria ser feito, e por que deveria, para modernizar essas sociedades, uma abordagem social-científica da cultura e das instituições da modernidade se evidenciava também, especialmente desde que as ciências sociais foram lenta e desigualmente introduzidas naqueles vários países "latino"-americanos, estabelecendo o que Fernandes (1958) — possivelmente o maior sociólogo brasileiro até hoje — percebeu como uma maneira racionalizada (isto é, ocidentalizada) de fazer sentido do mundo social. Que questões identitárias pairam perenemente no ar é, contudo, algo que se patenteia em recentes tentativas de interpretação do processo de modernização do país (cf. Souza, 2000).

O que essas observações preliminares trazem à tona? Em minha opinião, dois pontos. Em primeiro lugar, que a discussão sobre a modernidade sempre implica um problema de identidade, e assim envolve questões cognitivas, normativas e expressivas. Ela nunca é um empreendimento apenas conceitual. Em segundo lugar, enquanto questões culturais inevitavelmente emergem na discussão, desenvolvimentos institucionais são cruciais para um debate mais consistente, orientado para as ciências sociais, algo que não é sempre, ou talvez amiúde, claro na crítica "pós-colonial" e na teoria cultural que têm alcançado grande visibilidade recentemente. Mesmo questões culturais não deveriam ser confinadas a questões de identidade, como com freqüência vêm tendendo a ser. Mediante uma análise crítica da recente "teoria civilizacional" e a introdução de alguns outros pontos de vista, tentarei substanciar as proposições avançadas anteriormente. As virtudes e limitações desse tipo de abordagem serão trazidas à baila e argumentarei que, a despeito de reservas que possam ser ventiladas perante esse conceito, ele talvez seja o melhor disponível hoje para um entendimento teórico geral da modernidade, bem como para delinear-se os impulsos internos que podem levar à sua superação.

CIVILIZAÇÃO E MODERNIDADE

Civilização é uma palavra grande e dura, da qual o Ocidente em geral gostava demais, sobretudo de modo a afirmar sua hegemonia ideológica. Falando em nome da cultura, da razão, do autocontrole e da dominação da natureza, da base do mercado, da democracia liberal e da sociabilidade burguesa, ela se opunha ao que Conrad (1902) retratou como o "coração das trevas", "o ermo selvagem abandonado por Deus" onde não se poderia contar com "fatos claros"; isto é, opunha-se ao atraso, à irracionalidade, a homens cuja humanidade era duvidosa, ao poder apavorante de uma natureza com sua exuberância incontrolada e incontrolável. A civilização era ameaçada pelo selvagem dentro do civilizado — como Conrad também sugeriu e Freud (1930) por seu turno expressaria a questão, embora usando a palavra *Kultur*, de forma não convencional em termos alemães ao querer referir-se a "civilização", de fato a expressão utilizada na tradução do livro para o inglês (e para o português). Da barbárie à civilização — o projeto de Sarmiento — e das culturas primitivas às avançadas, este era o caminho unilinear divisado — e recomendado — pelo Ocidente àqueles que pensavam, conquanto perifericamente, que a ele pertenciam. Esse era o trabalho da astúcia da razão — por exemplo, na filosofia da história do começo do século XIX de Hegel (1955). Diferentes doutrinas compartilharam esse tipo de abordagem, como vemos, por exemplo, no trabalho de Engels (1884) sobre o surgimento da família, da propriedade privada e do Estado, no qual a propriedade privada e a exploração, a subordinação das mulheres e a monogamia eram os principais aspectos da vida civilizada — realmente um progresso, o qual tinha, contudo, um alto custo.

É claro que as grandes civilizações do Oriente e inclusive das Américas pré-colombianas foram aceitas como formas desenvolvidas de sociedade humana, e embora a idade das trevas da Europa tenha sido percebida como um período de decadência, o desdobramento da cultura egípcia na civilização greco-romana e então finalmente na modernidade recuperou alguns momentos da história humana e ao mesmo tempo a circunscreveu solidamente em uma específica região planetária e em grande medida em uma direção fantasiosa. A teoria antropológica no século XX começou a fazer tais postulações muito mais relativas — de fato introduziu um ponto de vista relativista, anti-"etnocêntrico", e assim o caminho estava aberto para um trabalho mais flexível e menos preconceituoso com a palavra civilização, a despeito de possíveis questões acerca do desenvolvimento serem aventadas (ver, por exemplo, Lévi-Strauss, 1952).

Weber não utilizou essa palavra em sua sociologia comparativa das grandes religiões mundiais, que foi conduzida de forma frouxa (e cautelosa) no que tange a esse tipo de definição. Em contrapartida, na obra de Durkheim e especialmente na de Mauss, esses temas receberam um tratamento breve e incompleto, porém sutil. Eles começaram apontando para diferentes formas de "sociedade política" (tribo, nação, cidade, Estado moderno) e para os "limites dos organismos políticos" dentro dos quais a vida social se desenvolve "(...) ocupando uma porção determinada do espaço", e alcançando "representação geográfica". Nesse escrito eles tomam a identificação habitual do Estado com a sociedade, que tem sido criticada mais recentemente, como não problemática. Há contudo fenômenos mais complexos dentro de "espaços menos determinados": estes são civilizações, vivendo uma "vida supranacional", incluindo fenômenos materiais e culturais (Durkheim e Mauss, 1913, pp. 451-3). É estranho não haver discussão sobre laços de solidariedade em sua abordagem, que, entretanto, patentemente prescinde deles, porém eles obviamente percebem a *multidimensionalidade* — sem qualquer determinante causal — como um elemento-chave das civilizações. Retomando a idéia de multidimensionalidade, Mauss (1929, pp. 459 e 463-4) tentou mais tarde refinar o conceito de civilização, mas este permaneceu enigmático, pois implicava apenas "(...) um conjunto bastante grande de fenômenos de civilização, muito numerosos tanto por seu caráter maciço quanto por sua qualidade (...)", que deveriam estar presentes em um número "bem amplo" de sociedades de modo a gerar um "ar de família". Civilizações têm a possibilidade ou até a tendência a se expandir, algo que se intensificou com a modernidade, como podemos inferir de seus exemplos, não obstante o surgimento também de contradições, mercê das fronteiras nacionais das sociedades (Mauss, 1929, p. 477). A despeito da forma inteligente com que consideram o conceito de civilização, Durkheim e Mauss deixaram de lado a questão do *poder* e assim uma dimensão crucial da vida social — algo que poderia ter a ver com sua forte separação entre sociedade política e civilização, conquanto mesmo aquela não remetesse fortemente a relações de poder na obra anterior de Durkheim.[3]

Em compensação, o poder e a formação do Estado são temas-chave na obra de Elias (1939). Contudo, sua teoria evidencia uma concepção abertamente modernista da civili-

---

[3] Arnason (2001, p. 49-51) corretamente enfatiza isso, mas força a contribuição desses autores em um molde culturalista, perdendo portanto seu intento multidimensional.

zação e tende ao unilinearismo em termos da evolução social, na medida em que a racionalização como "controle das pulsões" (isto é, o controle da natureza interna) é totalmente central em seu argumento, e de maneira positiva. Porém, a maior parte da tradição sociológica não gastou muito tempo com a idéia de civilização. Apenas Nelson (1977) mostrou um interesse real nessa problemática, mas seu trabalho não logrou amplos desenvolvimentos, embora tenha introduzido conceitos tais como "formas de consciência", para lidar com temas próximos à sociologia weberiana, e "encontros intercivilizacionais", uma noção sugestiva, que não desfrutou muita aceitação ainda, não obstante haver sinais em contrário exatamente agora (ver adiante). De qualquer forma, a cultura ainda desfruta preeminência aqui. Aqueles que herdaram essa perspectiva parecem, além disso, mais preocupados com a lógica interna às formas de consciência do que com seu intercâmbio com outras tradições, mesmo quando isso é obviamente unilateral, como não pode deixar de ser no caso da América ibérica (Morse, 1982; para uma posição revisada, ver Morse, 1990; e, para uma discussão crítica, Domingues, 1995c). Mais recentemente, todavia, Eisenstadt e Arnason retomaram esse tipo de abordagem.[4] Não posso ensaiar uma análise detalhada de seu trabalho aqui — algo feito com mestria por Knöbl (2001, caps. 5 e 7). Basta esboçar algumas de suas idéias principais e gerais.

---

[4]Não devemos, é claro, esquecer o livro de Huntington (1996). Mas não vejo nele nenhum avanço conceitual, para não falar do viés extremamente conservador e defensivo que evidencia em sua luta por uma identidade "ocidental" pura. Vale notar, entretanto, que ele afirma que as civilizações são fenômenos culturais, de forma similar aos autores discutidos adiante.

Proveniente de uma perspectiva funcionalista, conquanto jamais inteiramente compromissado com seus dogmas, Eisenstadt tornou-se cada vez mais ciente do caráter contingente dos desenvolvimentos históricos e do papel que nele desempenham as coletividades — "elites", ou o que chamou de "empreendedores institucionais" (Eisenstadt, 1990). A criatividade era também vital para ele, como se fosse exercida pelas lideranças carismáticas. Após estudar a emergência do que chamou, retomando Jasper, de "civilizações axiais", quando uma divisão entre o sagrado e o profano foi introduzida e uma tensão extremamente produtiva surgiu com uma demanda por transcendência e pela realização de valores extramundanos nesta vida (Eisenstadt, 1982), os *projetos* multifacetados da modernidade tornaram-se o centro de sua investigação, juntamente com as "múltiplas modernidades" que daí resultaram (Eisenstadt, 2000 e 2001 — embora ele tivesse antes falado da modernidade no singular, cf. Eisenstadt, 1987). É ademais uma postulação aberta de sua obra que esses desenvolvimentos históricos emergem da pressão que os valores exercem, o que eventualmente resulta em serem institucionalizados — posição que deve muito à sociologia parsoniana (embora com certeza não a Weber). Vários problemas podem ser identificados nas contribuições mais importantes de Eisenstadt, que abrangem mais de meio século. Gostaria de me reportar apenas a três aqui. Sua concepção de agência coletiva é muito reducionista — na verdade ele lida apenas com o que considero *subjetividades coletivas extremamente centradas*, cujos projetos são claros e cuja ação é organizada de formas bastante definidas e coordenadas. Mas não podemos de modo algum sempre, e talvez sequer com freqüência, explicar os desenvolvimentos históricos de tal modo. Sua concepção da modernidade composta por múltiplas modernidades tem, além disso, a desvantagem de aparentemente considerar cada país como possuidor de seu próprio modelo, circunscrito, de modernidade. Se ela seria, de fato, uma civilização, esparramando-se — e realmente se constituindo — por sobre as fronteiras, torna-se duvidoso. Enfim, parece evidente que uma maneira tão simplista e idealista de considerar a relação entre valores e instituições é inaceitável, uma vez que um movimento de mão dupla deveria ser em vez disso divisado. Curiosamente, embora muito mais preocupado com o papel do poder nos desenvolvimentos históricos, Arnason (1997, especialmente pp. 48ss) também vê o multifacetado processo da modernidade como estreitamente vinculado a projetos e contraprojetos. Diferentemente de Eisenstadt, contudo, ele reserva muito mais espaço para influências intercivilizacionais, que são tratadas como decisivas para a atual configuração do mundo através do intercâmbio da modernidade com outras civilizações (Arnason, 2001).

Que fazer do conceito de civilização? Ele não é bem especificado e sofre de todos os tipos de problema que tradicionalmente rondavam o conceito de sociedade (Knöbl, 2001, p. 384). Ele implica fronteiras fechadas, dinâmicas basicamente endógenas e relativa homogeneidade interna? Ou deveríamos, ao contrário, ver civilizações como universos abertos, para os quais desenvolvimentos endógenos são de importância crucial e que são internamente amiúde heterogêneos ao extremo? As contribuições antes mencionadas de Mauss e Durkheim, bem como as intuições de Nelson e Arnason, ajudam-nos a alcançar uma solução melhor. Enquanto o primeiro entendia que uma civilização deveria ser vista como uma configuração societal vasta, desigual e em movimento, que poderia acomodar vários desenvolvimentos distintos e combinar-se com outros padrões sociais, o segundo percebeu que nenhuma civilização era fechada e que os contatos entre elas habitualmente engendram mudanças importantes. O conceito marxista de "formação social" pode prover algum tipo de inspiração aqui também (cf. Luporini e Sereni, 1973; Anderson, 1976). Referindo-se a algo mais amplo que o conceito de "modo de produção", ele pode ser lido de duas maneiras: englobando um modo de produção e suas superestruturas correspondentes ou assinalando concretamente uma combinação de modos de produção e suas manifestações correspondentes no plano superestrutural em uma configuração espaço-temporal concreta. Com freqüência, um elemento é dominante e empresta forma aos outros que se encontram presentes em formações sociais concretas.

Tendo-se isso em mente, as civilizações podem ser vistas, portanto, como sistemas sociais muito amplos, vastas "subjetividades coletivas" com um baixo nível de centramento, nas quais todavia alguns princípios prevalecem (Domingues, 1995a, cap. 8). Elas se desenvolvem em períodos dilatados, e outros padrões civilizacionais podem ser nelas combinados com a centralidade de certos princípios de organização. A configuração de um sistema social tão heterogêneo pode incluir em algumas áreas a dominância de certos princípios que, conquanto subordinados no quadro geral, têm preeminência naquela região específica. Esses outros princípios, contudo, terão sido provavelmente alterados pelos elementos dominantes na formação social mais ampla, ao passo que sua dinâmica é também subordinada a eles. As civilizações têm impacto causal umas sobre as outras, uma vez que jamais se desenvolvem em total isolamento.

Por conseguinte, podemos falar, por exemplo, de uma civilização romana, a despeito das muitas mudanças por que passou em seu "desdobramento" (que não foi de modo algum apenas endógeno), incluindo também sua combinação com outras fontes "bárbaras" (como eles as encarariam). E podemos falar igualmente da modernidade como *uma* civilização, que no entanto não é nem homogênea nem fechada; na verdade, ela tem sido combinada com elementos de outras civilizações e produzido uma forma híbrida, nas coordenadas espaço-tempo globais que veio definitivamente a assumir neste estágio, na qual as formas de consciência e as instituições da modernidade prevaleçam, sem prejuízo de outras influências civilizacionais, embora muito alteradas por seu intercâmbio com a modernidade. Certamente ela se desenvolve de acordo com alguns projetos e contraprojetos claros, mas desenvolvimentos muito mais descentrados e desarticulados são provavelmente mais importantes, desde o início mesmo da modernidade. É correto postular algum tipo de resultante última da história e pode-se dizer que ela tem algum tipo de *télos*. Contudo, este não é o resultado de projetos e do movimento de subjetividades coletivas centradas (especialmente de classes dominantes e de movimentos sociais), embora decerto contribuam para ele. Forças mais dispersas e poderosas empurram a modernidade adiante e tecem uma teia de conseqüências intencionais e não-intencionais da ação que gera, ao fim e ao cabo, a direção contingente da história (ver Domingues, 2002a, cap. 2). A análise de uma contribuição recente, interessante e problemática à teoria social global pode ser bastante instrutiva nesse sentido, não obstante seus autores não reivindicarem nenhuma proximidade com a análise civilizacional.

Em um livro politicamente perigoso, Hardt e Negri (2000) avançaram um entendimento em vários aspectos interessante da modernidade contemporânea. A noção de "Império" cintila no centro de sua teorização, com uma analogia direta com o Império Romano. Eles julgam que o imperialismo foi deixado para trás, uma vez que especialmente a *soberania* — um tópico-chave em sua exposição — se encontra agora dispersa e não mais depende diretamente do Estado-nação e da emergência de um povo disciplinado. A legitimidade da lei agora procede, argumentam, diretamente do poder de polícia exercido pelo Império, no que os Estados Unidos são um jogador fundamental mas não em termos puros de centro-periferia, porquanto dispersão e entrelaçamentos desqualifiquem um retrato tão simples. O poder da "multidão" subjaz a tudo de construtivo no Império, porém é metamorfoseado no *biopoder* — noção que descobrem em Foucault —, com que o Império cria a subjetividade contemporânea, que é, aliás, extremamente sofisticada, flexível e aberta. O Império desistiu, ademais, do tipo de universalismo abstrato que fora típico do imaginário e das instituições da modernidade. Em lugar disso, abraçou o *hibridismo*, razão pela qual pensam que a crítica pós-colonial, o pós-modernismo e o pós-estruturalismo podem, sem perceber, estar jogando o jogo das forças dominantes quando tencionam simplesmente criticar o Esclarecimento e suas reivindicações de validade universal. Um tipo de noção de totalidade hegeliana ou spinozista provê uma conexão entre todos esses processos dentro de seu conceito de Império, conformando uma matriz global de dominação na qual nada é deixado de lado. Todavia, a "multidão" escapa ao poder disciplinar do Império mediante seu simples movimento, incontrolável, através das fronteiras e um potencial criativo exercido em um grande número de atividades prospectivas de oposição. Um avanço parece ser esperado apenas através de irrupções simplesmente espontâneas.

Há vários problemas com a abordagem da modernidade contemporânea de Hardt e Negri, tanto no plano teórico como no político.[5] Teoricamente, é importante indicar o raciocínio circular que assola sua noção-chave de biopoder — questão vinculada à problemática marxista do valor, segundo a qual as classes dominantes seriam absolutamente improdutivas, argumento levado ao extremo ao substituírem a idéia de que o capital é um vampiro do trabalho vivo pela do Império como um parasita — e a discutível avaliação da noção de soberania — que não se baseia em mecanismos estatais, sendo assumida pelo Império como um todo, incluindo em particular as corporações transnacionais. Politicamente, há ainda mais sérias limitações e elementos retrógrados em sua concepção, uma vez que rejeitam qualquer tentativa de recorrer ao Estado nacional como uma estratégia contra o Império, bem como a possibilidade de uma evolução de processos democráticos internacionais articulados a organizações internacionais (que

---

[5] Ver Thoburn (2001) para um análise crítica geral e para o contexto do pensamento de Negri. Para uma perspectiva que apresenta uma alternativa no que tange aos principais tópicos de Hardt e Negri, em particular acerca da imigração — que não consiste em movimento nem tão espontâneo, nem absolutamente disruptivo —, ver Sassen (1996).

vêem como um dos pilares do poder do Império). Não há de fato nenhum aceno na direção de instituições democráticas, e o que se insinua em seu texto é uma aposta implícita numa ruptura aguda com as estruturas de poder por intermédio de uma repossessão revolucionária por parte da multidão de seus próprios poderes. De modo geral, creio que essa perspectiva deve ser firmemente rejeitada em termos políticos, estratégicos, pensemos na modernidade como nosso *télos* ou tenhamos esperanças em uma ordem pós-moderna, pós-capitalista, de todo modo como uma civilização a ser democratizada, problema que eles a rigor minimizam, salvo como uma ruptura com a soberania e com a "libertação" absoluta da multidão.

Apesar disso, há alguns elementos sugestivos em seu retrato da modernidade contemporânea que vale a pena ponderar em termos tanto de uma análise da situação contemporânea da modernidade quanto da construção de identidades hoje. Eles fornecem uma pintura vívida de alguns importantes aspectos do que chamei de "terceira fase" da modernidade, que se caracteriza por grande complexidade, flexibilidade e "articulação mista", abarcando ainda o plano global (Domingues, 2001 e 2002a, cap. 9). Na verdade, a modernidade contemporânea inclui uma grande variedade de identidades parciais, formas de produção, legislação e poder político, embora o Estado-nação não tenha de modo algum perdido seu poder perante uma série de fatores e processos da vida social. A dominação tornou-se de fato global, um processo no qual as corporações internacionais e *algumas* (nem todas nem exclusivamente no caso de algumas delas) organizações internacionais ocupam a linha de frente, embora esquemas imperialistas típicos como aqueles descritos por Lênin e Rosa de Luxemburgo tenham sido deslocados. Basicamente, uma civilização moderna se estabeleceu, mas sem que se possa supor um retrato tão integrado como o sugerido por Hardt e Negri. A *modernidade como uma civilização* vingou de forma sem precedentes, a despeito de configurações anteriores, em especial durante o século XX, terem desenvolvido conexões que amadureceram apenas recentemente. Essa é uma civilização híbrida e a totalidade que engendrou é muito mais fraturada do que admitem. Decerto o céu se acha repleto de nuvens pesadas e sombrias; sua direção não foi inteiramente definida, contudo. Particularidades, contradições e tensões são numerosas e não podem ser reduzidas a uma rejeição cega — ou a uma irrupção revolucionária — do biopoder, que, sendo uma noção em si interessante, não deveria ser distorcida para acomodar uma visão tão reducionista do pulso do poder — passo com o qual, de resto, julgo que Foucault dificilmente concordaria.

Portanto, a concepção de "múltiplas modernidades" pode ser sustentada, como se os diversos Estados-nação que compõem a paisagem contemporânea fossem unidades distintas que se desenvolvem basicamente de acordo com processos internos a elas, com a adição de influências e empréstimos externos? Creio que não. Em vez disso, devemos falar de *uma* "modernidade múltipla". Nem podemos, isto posto, simplesmente falar da coexistência de várias civilizações no globo hoje, uma situação que ainda ocorria no século XIX, o que não quer dizer que encontros civilizacionais não tenham mais lugar *dentro* da modernidade global. Decerto podemos rejeitar o conceito de civilização, em função de suas ressonâncias históricas ou por razões teóricas. De qualquer modo, devemos apresentar algum tipo de conceito geral sobre o que é a modernidade, do contrário procedemos exatamente como o M. Jourdain de Molière, que falava em prosa sem saber que o fazia. Em termos mais técnicos, precisamos ir além do uso da modernidade como uma categoria não especificada, que se mantém tão obscura quanto o que Parsons chamou de "categoria residual" — isto é, uma categoria que devemos utilizar para lidar com problemas inevitáveis de pesquisa, mas que não é jamais definida (ver Domingues, 1999a, cap. 3). Embora certamente haja problemas sérios e este texto não seja senão um pequeno passo para refinar a teoria civilizacional contemporânea — que tem grande potencial de justificação, mas por ora ainda é bastante imprecisa —, esta me parece a melhor solução disponível, quer nos refiramos à "civilização moderna" ou prefiramos um termo mais neutro. Pelas razões aduzidas acima, proponho que usemos este conceito para entender o mundo em que vivemos.

A modernidade não é uma essência, um conjunto de princípios abstratos realizado em coordenadas espaço-temporais específicas. Em vez disso, ela se desenvolve a partir das ações e movimentos dos indivíduos e das subjetividades coletivas. Em grande medida, as instituições e formas de consciência modernas são a conseqüência não-intencional dos desejos e opções concretas que as pessoas fazem na vida cotidiana, embora projetos mais gerais, definidos por coletividades políticas e culturais — para mudança ou conservação da modernidade ou de relações pré-modernas —, devam ser também levados em conta. Os mercados modernos, por exemplo, não são nem o que a economia neoclássica julga que sejam nem sobretudo o resultado dos projetos de "elites" liberais que empalmaram o Estado e os forçaram pela garganta da sociedade abaixo, como Polanyi (1944) sugere. Em geral se desenvolvem através do globo e com ritmos distintos dentro de países e regiões também, conquanto a formação dos Estados modernos, sob domínio colonial ou não, tenha contribuído sobremaneira para o estabelecimento de instituições reguladas pelo direito, em especial ao transformar a terra e o trabalho em mercadorias. Entretanto, os mercados não são a relação de indivíduos abstratos com interesses utilitários racionalmente definidos e perseguidos, que não variam de modo algum e são totalmente independentes de outras relações sociais. Os mercados são encaixados em muitas outras relações, implicam tradições culturais específicas, formas de comportamento e de consciência, quer dizer, permanecem entrelaçados com outras "tradições", não obstante ser isto explícito ou não e a despeito do impulso universalizador que o direito dos mercados amiúde impõe no que tange às transações econômicas.[6]

Todavia, embora não seja uma essência, a modernidade teve seu núcleo no Ocidente, onde primeiro surgiu, e então transbordou para o mundo como um todo. Seu "centro" foi originalmente com clareza o Ocidente, em termos tanto de sua dinâmica quanto, em especial, de poder. As principais instituições da modernidade emergiram primeiramente aí, de forma específica, e apenas então foram absorvidas e desenvolvidas de maneira parcialmente autônoma em outras áreas do globo (ver Eisenstadt, 1987, pp. 6-9). Decerto a mo-

---

[6] O renascimento da sociologia econômica recentemente mostrou isto de forma convincente. Ver Domingues (1999a, cap. 6) para uma revisão da literatura.

dernidade ocidental tem estado sempre entretecida com o mundo como um todo e dele tem dependido para se desenvolver, como a teoria do sistema mundial tem mostrado; isto não significa que devamos supor um retrato sem contornos deste desenvolvimento, sem atenção para com origens específicas e relações de poder (cf. Wallerstein, 1984). É verdade ainda que, quando se moveu para diante, a modernidade combinou-se com outras fontes civilizacionais e que também a relação entre a periferia e o centro mudou muito, principalmente com a emergência de outros centros, não-ocidentais (o Japão sendo o exemplo mais notável disso até agora). A periferia moveu-se através de migrações e importações e meios culturais igualmente para dentro do centro. Mas estamos longe de uma situação na qual o poder tenha se tornado tão disperso a ponto de permitir uma completa diluição das próprias noções de centro e periferia, ao contrário do que alguns se inclinam a afirmar (por exemplo, Appadurai, 1990, e inclusive Hardt e Negri, 2000). Talvez cheguemos lá em algum momento; por ora, a economia, a política, a força militar e a cultura estão estritamente entrelaçadas e se sobrepõem regionalmente — como, infelizmente, os recentes eventos após o 11 de setembro de 2001 e a resposta dos Estados Unidos e em parte da Europa a eles mostram com vigor.

A civilização moderna contemporânea deve, por conseguinte, ser vista como uma civilização similar ao que os marxistas com freqüência se inclinavam a definir como uma "formação social complexa". Isto é, a modernidade acha-se hoje entrelaçada com outras tradições civilizacionais — formações hermenêuticas, memórias, "modos de produção", instituições jurídicas, estilos de vida, identidades etc. — que foram, entretanto, inteiramente reconfiguradas pela modernidade, que se desenvolveu fazendo empréstimos a elas, é claro, principalmente antes de seu surgimento como um poder dominante após um longo período como periferia da civilização islâmica mediterrânea (Amin, 1988). Decerto há algumas pontas soltas, partes, cujo número cai continuamente, que permanecem pouco vinculadas a processos globais e podem sofrer portanto menos o seu impacto, embora isto não possa ser evitado, ainda que seja sobretudo negativo, como no caso da maior parte da África. Uma *identidade moderna global* emergiu desse processo de unificação aprofundada. Não foi capaz, muito pelo contrário, de pôr de lado nenhuma referência a identidades particulares, mais circunscritas; na verdade, como as ciências sociais correta e repetidamente observaram, implicou o oposto. As identidades parecem multiplicar-se agora.

Isso não deveria nos levar a crer que precisamos escolher entre a civilização global moderna e a "sociedade" com fronteiras no Estado-nação — que é, afinal, uma criação de processos de modernização — como nossa unidade de análise. Não só devem ser outras unidades introduzidas aqui — regiões, cidades etc. —, porém precisamos reconhecer em especial que ela existe em cada recanto, sem que isso implique, contudo, uma posição que não consista em uma alternativa a um ponto de vista essencialista. As estratégias políticas devem levar isso também em conta. A modernidade é um fenômeno complexo e essas subjetividades coletivas distintas e específicas — que ademais interagem umas com as outras — estão no cerne do que chamamos de civilização moderna global, que não existe como aspectos apenas gerais e vazios. Aqui o problema da identidade é inevitavelmente reintroduzido. Pois se somos todos modernos, conquanto possamos cientificamente reconhecer que isso deve ser qualificado em nossa análise concreta e que assim se deva recorrer a distintas unidades de análise, a questão de quem somos é reposta tão logo descartemos uma perspectiva meramente abstrata. Identidades particulares se apresentam, quer acreditemos ou não que somos modernos, estejamos felizes com isso ou julguemos que essa situação nos desgraça totalmente e nos faz até viver em pecado.

IDENTIDADE, FORMAS DE CONSCIÊNCIA E INSTITUIÇÕES

Zéa (1965) argumentou que os "latino"-americanos têm inquirido sobre quem são em termos particulares, antes que em termos diretamente universalistas: eles podiam perceber que não eram "homens" em geral — estavam jogados em condições particulares e sabiam que não eram ocidentais, ângulo que escapa habitualmente a estes últimos, pois tomam sua condição como universal para a espécie humana. Os "latino"-americanos tinham de compreender a particularidade de modo a compreender a condição humana em geral. Será que isso mudou com o desenvolvimento de uma modernidade global cada vez mais explícita? Este não parece ser o caso. A região em seu conjunto se "ocidentalizou" — isto é, modernizou-se em grande medida; e, conquanto não venha a se tornar ocidental, esses países são agora claramente modernos. Isso não quer dizer que o problema da identidade tenha tomado chá de sumiço: pode estar adormecido por vezes, porém decerto ele ou é abertamente discutido ou permanece latente, uma vez que não podemos evitar a questão acerca do que é ser moderno na periferia da modernidade global, ainda que a questão e sua resposta devam ser articuladas em termos bastante distintos em relação a como o foram anteriormente. Outras regiões tentam acertar as contas com o mesmo tipo de problemática — como a África, por exemplo, especialmente após o fracasso do marxismo africano em modernizar e democratizar aqueles países emergentes (cf. Mbembe, 2002). Isso não se deve apenas ao fato de esses problemas humanos serem inevitáveis, mas também porque a unificação global da modernidade, que avançou rapidamente nas últimas décadas, é empurrada à frente mediante uma afirmação da generalidade e da universalidade, mas da mesma forma mediante a proliferação de identidades mais específicas e concretas (ver Robertson, 1992; Robertson, Lash e Featherstone, 1995). O hibridismo da modernidade contemporânea não deu cabo da proliferação de particularidades e da produção contínua de identidades novas e reconstituídas, que não são jamais totalmente integradas dentro de um molde universalista abrangente.[7] Disso deriva a compulsão a discutir-se a modernidade e a relação do "resto" do mundo com ela, conformando um problema que é ao mesmo tempo teórico e estreitamente relacionado à construção da identidade, nas dimensões cognitiva, normativa e expressiva.

Mas, se tomamos seriamente a multidimensionalidade, devemos confrontar toda uma gama de questões empíricas e

---

[7] Devemos, portanto, pensar junto assim como contra Hegel. Infelizmente este tipo de problema é mantido ao largo e permanece estranhamente despercebido na discussão recente de sua filosofia do direito realizada por Honneth (2001).

conceituais. Estas não podem ser confinadas à análise de configurações identitárias, que devem ser de fato explicadas em termos mais consistentes. O desenvolvimento de instituições e formas especificamente modernas de consciência deve receber destaque especialmente em contribuições sociológicas, ao contrário do que por vezes e mesmo amiúde vemos em abordagens da questão. Appadurai (1990), por exemplo, sugeriu, de maneira não diferente da realizada com freqüência por teóricos da cultura e antropólogos, que a expansão planetária e a interconectividade dos meios de comunicação e migrações em larga escala têm sido as forças a impulsionar a mudança na paisagem da globalização, especialmente em seu aspecto cultural. Estes são, sem dúvida, fenômenos importantes, porém a concentração neles sinaliza um aspecto recorrente de muitas análises da globalização — uma falta de sintonia com fenômenos institucionais, conquanto a análise econômica e questões políticas sejam tratadas isoladamente ou sem grande interesse teórico por outras abordagens.

Problemas distintos, mas que desconsideram também em grande medida instituições, podem se achar em formulações mais gerais, nas quais, por exemplo, a emergência do sistema mundial — supostamente durante o século XVI — inaugurou a modernidade. De acordo com Dussel (1998), isso não se deveu a processos que se desenvolveram na Europa, mas à descoberta da "Ameríndia", para cuja administração então apenas certos elementos, sobretudo a razão instrumental, tiveram de ser desenvolvidos. Há muito tempo os encontros intercivilizacionais têm sido negligenciados nas ciências sociais; não se deve, todavia, cometer o erro inverso. Não devemos perder de vista os processos particulares que se desdobraram dentro da Europa, o ponto forte, conquanto unilateral, de Weber, anteriormente referido — o mesmo, é claro, se verificando no caso de Marx (1867), embora ele estivesse muito mais atento ao papel cumprido pela emergência do mercado mundial em sua interpretação econômica do surgimento da modernidade através da "acumulação primitiva". Do contrário não podemos compreender — o eixo de um largo corpo de literatura histórica que não é possível rever aqui — por que Portugal e especialmente a Espanha não foram capazes de decolar na direção da modernidade e atolaram no meio do caminho da transição, ao passo que a Grã-Bretanha e o nordeste da Europa em geral conseguiram atingir essa ruptura e tornaram-se o centro e a primeira expressão da civilização moderna. Formas de consciência — o individualismo racionalizado, principalmente, como apontado por aquele que até recentemente fora o principal autor a frisar os encontros intercivilizacionais (Nelson, 1969) — e instituições — estreitamente entretecidas com elas — foram fundamentais nesse sentido.

Devemos destacar em especial dois eixos institucionais que, no Ocidente assim como alhures, têm sido cruciais para o estabelecimento da modernidade: o capitalismo e o Estado moderno (que são desenvolvidos de forma específica em diferentes áreas modernas), ambos costurados estreitamente com o individualismo e uma concepção instrumental da razão. Decerto em princípio não há nada novo nisso. Em particular quero tratar da conformação da civilização moderna em termos do que pode ser chamado de mecanismos de "desencaixe". Retomando uma tradição venerável e múltipla, Giddens (1990) conceituou-os mediante os sistemas de peritos e as fichas simbólicas (o dinheiro) e a organização alterada do tempo e do espaço, com o que os indivíduos são retirados de contextos mais circunscritos e fixos. Sua identidade vem tendo desde então que ser construída de forma reflexiva, de modo a que alcance reencaixes adequados, se bem que provavelmente instáveis. Pondo o problema no plano da subjetividade coletiva, modifiquei sua abordagem, e introduzi a cidadania e os mercados capitalistas, bem como o apoio em tradições várias (incluindo a moderna), como elementos-chave nos processos de desencaixe e na produção de reencaixes (Domingues, 1999a, cap. 5 e conclusão; 2002a, cap. 4). Assim, argumentei que no Ocidente (e em parte da América "Latina") originalmente — conquanto não geneticamente — os desencaixes tiveram em seu centro a instituição da cidadania, com seu cunho universalista abstrato. No que tange aos países que foram colonizados pelo Ocidente, poderíamos, contudo, aceitar uma posição mais próxima ao marxismo, logo emprestando preeminência ao desenvolvimento do capitalismo (e não meramente ao mercado mundial) nos desencaixes e na produção de identidades abstratas, na qual, é claro, o individualismo se destaca (Domingues, 2002b).

Os meios eletrônicos de comunicação de fato operam em uma paisagem global, que vem se transformando pelo funcionamento dos mecanismos de desencaixe, os quais, portanto, tão severamente contribuem para a emergência de novas identidades. Com a liberação de sujeitos inicialmente pelos mecanismos do mercado e então em certa medida por normas estatais universalistas, com aqueles mecanismos abrangendo o plano global, as identidades se tornaram muito mais abertas do que jamais o foram antes. As pessoas começam como trabalhadores e cidadãos, duas maneiras abstratas de conceber os indivíduos e as coletividades, mas isso não lhes basta para definir exatamente a quê a construção da identidade deve responder — a saber, quem sou, que devo fazer, o que posso esperar. Em vista disso, carecemos de encontrar outras fontes de identidade, que são em geral muito mais concretas, para proceder a um reencaixe mais completo e pleno, nos planos individual e coletivo. Se não fossem desencaixados, não poderiam migrar nem poderiam os meios de comunicação eletrônicos e a informação cultural ser utilizados para recriar as identidades. Apenas essa situação enseja a necessidade de se perguntarem o que significa viver a vida em condições tão alteradas e como as formas "tradicionais" em que foram criados ou que ao menos fornecem um pano de fundo para sua criação e vidas atuais devem ser utilizadas para atingir um *status* humano adequado e viver uma vida com sentido. De início, isso se processou basicamente dentro das fronteiras dos Estados-nação — embora a periferia tenha sempre tido que lidar diretamente com o imaginário global em uma posição de inferioridade, como colônias ou postos de comércio avançados; agora a paisagem global permeia qualquer tentativa de reconstrução identitária.

No Ocidente, a modernidade como uma tradição, em termos de formas de consciência bem como institucionalmente, oferece o quadro principal no qual essas questões seriam indagadas e respondidas. Essa tradição é plural e contraditória, logo outras fontes podem ser mobilizadas por aquelas respostas. Fora do Ocidente, entretanto, a situação é mais confusa e mais complexa, uma vez que outras tradições têm um peso que pode até superar a modernidade como uma realidade e uma fonte, embora essa abertura derive diretamente das forças liberadas pela modernidade e pela globalização. Ademais, ao passo que essas identidades reelaboradas podem olhar para trás, podem ser também orientadas para o futuro, não apenas no sentido de que todos os projetos — por mais difuso que seja seu esboço — visam uma mudança do mundo, mas em termos de buscar explicitamente novas formas de vida e relações sociais, para além da modernidade. Outras práticas sociais, que desafiam involuntariamente a modernidade, contribuem para essa complexidade.[8] Temos nesse sentido o que poderia ser chamado de tradições antagonistas. Nem todas elas são necessariamente emancipatórias. Todavia, algumas muito provavelmente o são e podem até recuperar os valores da modernidade dos limites de sua própria institucionalização. É assim que uma civilização moderna global e plural é gerada, com seu caráter híbrido porém de modo algum totalmente integrado.

PALAVRAS FINAIS

A teoria civilizacional, especialmente da modernidade, começou a parecer algo respeitável e de que vale a pena tratar graças em particular ao trabalho de autores como Eisenstadt e Arnason. Mas muito ainda precisa ser feito de modo a que seus conceitos adquiram precisão e validade. Outras civilizações devem ser

---

[8] Os volumes recentemente publicados por Sousa Santos (2002a e 2002b) debruçam-se exatamente sobre essas aberturas para o futuro — sublinhando a necessidade de *aprofundar as práticas e instituições democráticas*.

entendidas através de seus conceitos se queremos fazer um bom caso para este tipo de abordagem — questão de que não tratarei aqui, porquanto seja bastante complexa e a maioria das idéias desenvolvidas nesse terreno pelos autores mais representativos não me pareçam lá muito adequadas. Mas a modernidade é certamente um candidato principal para análise civilizacional e este artigo tentou contribuir precisamente nessa direção, de modo que possamos moldar uma categoria que nos capacite a compreender esta civilização com conceitos que não sejam apenas residuais, sendo em vez disso afinados agudamente com a teoria geral e com a pesquisa mais empiricamente orientada, assim como nos ajudando a pensar em como podemos navegar para além dela em uma direção emancipatória. Novas formas de compreender e elaborar a identidade nesta fase avançada da modernidade podem ser e têm sido destarte estabelecidas.

No plano político, deve-se salientar que, se a democracia não se opõe necessariamente ao capitalismo e que não podemos nos contentar com suas expressões hodiernas, para florescer, aquelas tradições antagonísticas devem estar vinculadas estreitamente às corporificações institucionais do princípio democrático e aprofundá-lo, incluindo agora suas possíveis expressões globais. Os indivíduos e subjetividades coletivas que tecem a modernidade contemporânea podem expressar seus desejos e avançar suas lutas em uma direção emancipatória apenas desta forma, para além de meras explosões espontâneas, sem prejuízo, ao contrário na verdade, de sua criatividade. A esquerda já pagou caro por sua desqualificação da democracia. Nossa identidade não deveria jamais dar as costas a esse elemento e instituição essencialmente modernos, e quem sabe algum dia verdadeiramente pós-modernos.

Referências

ABREU, Maurício de Almeida (1987) *A evolução urbana do Rio de Janeiro*. Rio de Janeiro: Zahar/IPLANRIO.
ADORNO, Theodor W. (1947) *Minima Moralia*. Frankfurt am Main: Suhrkamp, 1997.
——. Theodor W. (1967) *Negative Dialektik*. Frankfurt am Main: Suhrkamp, 1980.
——. Theodor W. e HORKHEIMER, Max (1944) *Dialektik der Aufklärung*. Frankfurt am Main: Fischer, 1984.
AINSA, Fernando (1986) "Universalidad de la identidad cultural latinoamericana", in Fernando Ainsa et al., *Identidad cultural en América Latina*. Paris: UNESCO.
ALEXANDER, Jeffrey C. (1982) *Theoretical Logic in Sociology*, vol. 1. Positivism, Presuppositions and Current Debates. Berkeley e Los Angeles: University of California Press.
——. Jeffrey (1983) *Theoretical Logic in Sociology*, vol. 3. The Classical Attempt at Theoretical Synthesis: Max Weber. Los Angeles e Berkeley: University of California Press.
——. Jeffrey C. (1986) "The New Theoretical Movement", in Neil Smelser (org.), *Handbook of Sociology*. Newbury Park e Beverly Hills: Sage.
——. Jeffrey C. (1988a) *Twenty Lectures: Sociological Theory since World War II*. Nova York: Columbia University Press.
——. Jeffrey C. (1988b) "Culture and Political Crisis: 'Watergate' and Durkheimian Sociology", in Jeffrey C. Alexander (org.)., *Durkheimian Sociology: Cultural Studies*. Cambridge: Cambridge University Press.

―――. Jeffrey C. e SMITH, Philip (1993) "The Discourse of American Civil Society: a New Proposal for Cultural Studies", *Theory and Society*, vol. 22.

―――. Jeffrey C. e COLOMY, Paul (orgs.) (1990) *Differentiation Theory and Social Change*. Nova York: Columbia University Press.

ALKINE, Sabina (2002) *Valuing Freedoms. Sen's Capability Approach and Poverty Reduction*. Oxford: Oxford University Press.

ALMEIDA, Martins (1932) *O Brasil errado*. Rio de Janeiro: Org. Simões, 1953.

AMADO, Gilberto (1931) *Eleição e representação. Curso de direito político*. Rio de Janeiro: Oficina Industrial e Gráfica.

AMIN, Samir (1988) *L'Eurocentrisme: critique d'une ideologie*. Paris: Antropos.

―――. Samir (1990) *La Faillité du development dans la Afrique et le Tiers Monde*. Paris: L'Hartman.

ANDERSON, Perry (1976) *Passages from Antiquity to Feudalism*. Londres: New Left Books.

ANDRADE, Carlos Drummond de (1943-45) "América" (poema originalmente publicado em *A rosa do povo*), in *Reunião*. Rio de Janeiro: José Olympio, 1980.

APPADURAI, Arjun (1990) "Disjuncture and Difference in the World Global Economy", in Mike Featherstone (org.), *Global Culture*. Londres: Sage.

ARICÓ, José (1987) "O marxismo latino-americano nos anos da Terceira Internacional", in Eric Hobsbawm (org.), *História do marxismo*, vol. 8. Rio de Janeiro: Paz e Terra.

ARNASON, Johann P. (1997) *Social Theory and Japanese Experience. The Dual Civilization*. Londres e Nova York: Kegan Paul International.

―――. Johann P. (2001) "Civilizational Patterns and Civilizing Processes", *International Sociology*, vol. 16.

AVRITZER, Leonardo (1996) *A moralidade da democracia*. São Paulo: Perspectiva e Belo Horizonte: Editora da UFMG.

BARBE, Carlos (1983) "L'identitá — 'individuale' e 'colletiva' — come dimensione soggetiva dell'azione sociale", in L. Balbo *et al.*, *Complessitá sociale e identitá*. Milão: Franco Angeline.

BARRY, Bryan (1965) *Political Argument*. Londres: Routledge & Kegan Paul.
BAUMAN, Zigmunt (1991) *Modernity and Ambivalence*. Cambridge: Polity.
——. Zigmunt (1992) "Is There a Postmodern Sociology?", in *Intimations of Postmodernity*. Londres: Routledge.
BECK, Ulrich (1986) *Risiko Gesellschaft*. Frankfurt am Main: Suhrkamp.
——. Ulrich, GIDDENS, Anthony e LASH, Scott (1994) *Reflexive Modernization: Politics, Tradition and Aesthetics in the Modern Social Order*. Cambridge: Polity.
BENDIX, Reinhard (1960) *Max Weber: um perfil intelectual*. Brasília: Editora da Universidade de Brasília, 1986.
BENJAMIN, César *et al.* (1998) *A opção brasileira*. Rio de Janeiro: Contraponto.
BERNSTEIN, Richard (1976) *The Restructuring of Social and Political Theory*. Oxford: Blackwell.
BIERSTEKER, Thomas J. (1992) "The 'Triumph' of Neoclassical Economics in the Developing World: Policy Convergence and Bases of Governance in the International Economic Order", in James Rosenau, e Ernst-Otto Czempiel (orgs.), *Governance without Government*. Cambridge: Cambridge University Press.
BLUMER, Herbert (1969) *Symbolic Interactionism. Perspective and Method*. Englewood Cliffs, NJ: Prentice-Hall.
BODEI, Remo (1986) "Estratégias de individuação", *Presença*, n.º 8.
BORNHEIM, Gerd A. (1983) *Dialética: teoria e práxis*. Porto Alegre: Globo e São Paulo: EDUSP.
BOURDIEU, Pierre (1980) *Le Sens practique*. Paris: Minuit.
CABRAL, Sérgio (1975) *As escolas de samba*. Rio de Janeiro: Fontana.
CALHOUN, Craig (1995) *Critical Social Theory*. Oxford: Blackwell.
CAMARGO, Aspásia *et al.* (1986) *Artes da política. Diálogos com Amaral Peixoto*. Rio de Janeiro: Nova Fronteira.
CANCLINI, Nestor Garcia (1990) *Culturas híbridas. Estratégias para entrar e salir de la modernidade*. México: Grijalbo.
CANDIDO, Antonio (1967) "O significado de *Raízes do Brasil*", in Sérgio Buarque de Holanda, *Raízes do Brasil*. Rio de Janeiro: José Olympio, 1983.

CARDOSO, Fernando Henrique e FALLETO, Enzo (1970) *Dependência e desenvolvimento na América Latina*. Rio de Janeiro: Zahar, 1979.

CARPENTIER, Alejo (1961) "Consciência e identidade da América", in *A literatura do maravilhoso*. São Paulo: Revista dos Tribunais e Vértice, 1987.

CARVALHO, José Murilo de (1987) *Os bestializados. O Rio de Janeiro e a República que não foi*. São Paulo: Companhia das Letras.

——. Maria Alice Rezende de (1983) "Cidade e fábrica", Unicamp, Tese de mestrado.

——. Maria Alice Rezende de (1984) "Reinventando a tradição carioca", *Presença*, no. 4.

CASTAÑEDA, Jorge G. (1993) *Utopia desarmada*. São Paulo: Companhia das Letras, 1994.

CASTORIADIS, Cornelius (1975) *L'Institution imaginaire de la société*. Paris: Seuil, 1987.

CHALLOUB, Sidney (1987) *Trabalho, lar e botequim*. São Paulo: Brasiliense.

CHILCOTE, Ronald (1974) *O Partido Comunista Brasileiro. Conflito e integração*. Rio de Janeiro: Graal, 1982.

COHEN, Jean e ARATO, Andrew (1992) *Civil Society and Political Theory*. Cambridge (MA): The MIT Press.

——. Joshua (1995) "Review of Sen's *Inequality Reexamined*", *The Journal of Philosophy*, vol. 92.

COHN, Gabriel (1979) *Crítica e resignação. Fundamentos da sociologia de Max Weber*. São Paulo: T. A. Queiroz.

CONNIFF, Michael (1975) "Voluntary Associations in Rio (1870-1945)", *Journal of Interamerican Studies and World Affairs*, vol. 17.

——. Michael (1981) *Urban Politics in Brazil. The Raise of Populism, 1925/1945*. Pittsburgh: Pittsburgh University Press.

CONRAD, Joseph (1902) *Heart of Darkness*. Harmondsworth: Penguin, 1994.

CORBISIER, Roland (1959) *Formação e problema da cultura brasileira*. Rio de Janeiro: MEC/ISEB.

COSTA, Sérgio e WERLE, Luís Denílson (1998) "Reconhecer as diferenças: liberais, comunitaristas e relações raciais no Brasil", *Novos Estudos CEBRAP*, n.º 49.
COSTA PINTO, Luis A. (1963a) *Sociologia e desenvolvimento*. Rio de Janeiro: Civilização Brasileira.
COSTA PINTO, Luis A. (1963b) "Modernização e desenvolvimento", in L. A. Costa Pinto e Waldomiro Bazzanella (orgs.), *Teoria do desenvolvimento*. Rio de Janeiro: Zahar, 1967.
——. Luis A. (1970) *Desenvolvimento econômico e transição social*. Rio de Janeiro: Civilização Brasileira (2ª edição revista e aumentada).
CROCKER, David A. (1992) "Functioning and Capability. The Foundations of Sen's and Nussbaum's Development Ethic", *Political Theory*, vol. 20.
DELANTY, Gerard (1999) *Social Theory in a Changing World*. Cambridge: Polity.
DERRIDA, Jacques (1966) "La Structure, le signe et le jeu dans le discours des sciences humaines", in *L'Ecriture et la différence*. Paris: Seuil, 1967.
DEWEY, John (1934) *A Common Faith*. New Haven: Yale University Press.
Dicionário histórico-biográfico, 1930-1980, vols. 1-4 (1984) Rio de Janeiro: Forense-Universitária, FGV/CPDOC, FINEP.
DINIZ, Eli (1978) *Empresário, Estado e capitalismo no Brasil: 1930/1945*. Rio de Janeiro: Paz e Terra.
DI TELLA, Tourcuato (1969) "A ação dos intelectuais", in *Para uma política latino-americana*. Rio de Janeiro: Paz e Terra.
DOMINGUES, José Maurício (1986) "Música e cidadania: em torno às contradições de Villa-Lobos", *Presença*, n.º 8.
——. José Maurício (1987) "Intelectuais e ideologia na América. Algumas questões bibliográficas e temáticas", *Contexto Internacional*, n.º 6.
——. José Maurício (1988) "Concepção de história e programa político no *Facundo* de Sarmiento", *Série Estudos*, n.º 67. Rio de Janeiro, IUPERJ.
——. José Maurício (1989) "Transformação social e interesse: Brasil, Cuba e outros casos", *Presença*, n.º 13.

——. José Maurício (1993a) "Globalização, sociologia e cultura", *Contexto Internacional*, vol. 15.

——. José Maurício (1993b) "State and Nation-Building in Brazil", *Bulletin of the Association for the Study of Ethnicity and Nationalism*, n.º 7.

——. José Maurício (1995a) *Sociological Theory and Collective Subjectivity*. Londres: Macmillan Press e Nova York: Saint Martin's Press.

——. José Maurício (1995b) "Sociological Theory and the Space-Time Dimension of Social Systems", *Time & Society*, vol. 4.

——. José Maurício (1995c) "Richard Morse and the Iberian American Path", *Revista Interamericana de Bibliografia*, vol. XLV, n.os 1-2.

——. José Maurício (1996) "Sistemas sociais e subjetividade coletiva", *Dados*, vol. 36.

——. José Maurício (1997) "Neoliberalismo, racionalidade e subjetividade coletiva", *Antropolítica*, nº 2.

——. José Maurício (1999a) *Criatividade social, subjetividade coletiva e a modernidade brasileira contemporânea*. Rio de Janeiro: Contra Capa.

——. José Maurício (1999b) *Sociologia e modernidade. Para entender a sociedade contemporânea*. Rio de Janeiro: Civilização Brasileira.

——. José Maurício (2001b) "Modernidade, complexidade e articulação mista", *Dados*, vol. 44.

——. José Maurício (2002a) *Interpretando a modernidade. Imaginário e instituições*. Rio de Janeiro: Editora FGV.

——. José Maurício (2002b) "Globalização, reflexividade e justiça", in Josué Pereira da Silva, Myrian Sepúlveda dos Santos e Iram Jacome Rodrigues (orgs.), *Crítica contemporânea*. São Paulo: Annablume.

——. José Maurício (2003) "Collective Subjectivity and Collective Causality", *Philosophica*, vol. 71.

DUSSEL, Enrique (1998) "Beyond Eurocentrism: the World-System and the Limits of Modernity", in Fredric Jameson e Masao Miyoshi (orgs.), *The Cultures of Globalization*. Durham: Duke University Press.

DURKHEIM, Emile. (1915) *Les Formes elementaires de la vie religieuse*. Paris: Presses Universitaires de France, 1994.

EDER, Klaus (1976) *Die Entstehung staatlich organisierter Gesellschaften*.

Ein Beitrag zu einer Theorie sozialer Evolution. Frankfurt am Main: Suhrkamp.

——. Klaus (1985) *Geschichte als Lerneprozess*. Frankfurt am Main: Suhrkamp.

——. Klaus (1993) *The New Politics of Class*. Londres: Sage.

——. Klaus (1996) *The Social Construction of Nature*. Londres: Sage.

EISENSTADT, Shmuel (1982) "The Axial Age: the Emergence of Transcendental Visions and the Rise of the Clerics", *European Journal of Social Theory*, vol. 23.

——. Shmuel (1987) "Introduction: Historical Traditions, Modernization and Development", in S. Eisenstadt (org.), *Patterns of Modernity*, vol. 2. Beyond the West. Londres: Francis Pinter.

——. Shmuel (1990) "Modes of Structural Differentiation, Elite Structure and Cultural Vision", in Jeffrey Alexander e Paul Colomy (orgs.), *Differentiation Theory and Social Change*. Nova York: Columbia University Press.

——. Shmuel (2000) "Multiple Modernities", *Daedalus (Multiple Modernities)*, vol. 129.

——. Shmuel (2001) "The Civilizational Dynamic of Modernity: Modernity as a Distinct Civilization", *International Sociology*, vol. 16.

ELIAS, Norbert (1939) *The Civilizing Process*, vol. 1. Oxford: Blackwell.

ENGELS, Friedrich (1884) *Der Ursprung der Familie, des Privateigentums und des Staats*, in Marx & Engels, *Werke*, vol. 21. Berlim: Dietz, 1969.

ETIZIONI, Amitai (1968) *The Active Society*. Nova York: Free Press.

FALLETO, Enzo (1996) "La CEPAL y la sociología del desarrollo", *Revista de la CEPAL*, n.º 58.

FAUSTO, Boris (1976) *Trabalho urbano e conflito social*. São Paulo: Difel.

FERNANDES, Florestan (1958) "O padrão de trabalho científico dos sociólogos brasileiros", in *A sociologia no Brasil*. Petrópolis: Vozes, 1977.

——. Florestan (1969) *Elementos de sociologia teórica*. São Paulo: Cia. Editora Nacional e EDUSP.

——. Florestan (1975) *A revolução burguesa no Brasil*. Rio de Janeiro: Zahar, 1981.

———. Florestan (1976) *A sociologia numa era de revolução social*. Rio de Janeiro: Zahar (2.ª edição revista e aumentada).
FIORI, José Luís (1995) *Em busca do dissenso perdido*. Rio de Janeiro: Insight.
FLEISCHMANN, Eugene (1964) "Weber e Nietzsche", in Gabriel Cohn (org.), *Sociologia: para ler os clássicos*. Rio de Janeiro: LTC.
FOUCAULT, Michel (1975) *Surveiller et punir*. Paris: Gallimard.
FREUD, Sigmund (1930) *Das Unbehagen in der Kultur*, in *Studienausgabe*, vol. 9. Frankfurt am Main: S. Fisher, 1974.
FREUND, Julien (1982) "Préface", in Max Weber, *La Ville*. Paris: Aubier Montaigne.
FREYRE, Gilberto (1933) *Casa Grande & Senzala*. Rio de Janeiro: José Olympio, 1987.
GERMANI, Gino (1964) *La sociología en la América Latina*. Buenos Aires: Editorial Universitária de Buenos Aires.
———. Gino (1965) *Política y sociedad en una época de transición*. Buenos Aires: Paidos.
GIDDENS, Anthony (1971) *Capitalism and Modern Social Theory*. Cambridge: Cambridge University Press.
———. Anthony (1976) *New Rules of Sociological Method*. Londres: Hutchinson & Co, 1988.
———. Anthony (1979) *Central Problems in Social Theory*. Londres: Macmillan.
———. Anthony (1981) *A Contemporary Critique of Historical Materialism*. Londres: Macmillan.
———. Anthony (1984) *The Constitution of Society*. Cambridge: Polity.
———. Anthony (1985) *The Nation State and Violence*. Cambridge: Polity.
———. Anthony (1990) *The Consequences of Modernity*. Cambridge: Polity.
———. Anthony (1991) *Modernity and Self-Identity*. Cambridge: Polity.
———. Anthony (1992) *The Transformation of Intimacy*. Cambridge: Polity.
GOMES, Ângela Maria Castro (1979) *Burguesia e trabalho. Política e legislação social no Brasil (1917-1937)*. Rio de Janeiro: Campus.
———. Ângela Maria Castro (1988) *A invenção do trabalhismo*. Rio de Janeiro e São Paulo: Vértice/IUPERJ.

——. Ângela Maria Castro e FERREIRA, Marieta de Moraes (1985) "Industrialização e classe trabalhadora no Rio de Janeiro: novas perspectivas de análise", *Boletim Informativo Bibliográfico*, vol. 24.
GOMES, Ciro e UNGER, Mangabeira (1996) *O próximo passo*. Rio de Janeiro: Top Books.
GRAMSCI, Antonio (1929-35) *Os intelectuais e a organização da cultura*. Rio de Janeiro: Civilização Brasileira, 1979.
GULLAR, Ferreira (1978) *Vanguarda e subdesenvolvimento*. Rio de Janeiro: Civilização Brasileira.
HABERMAS, Jürgen (1962) *Mudança estrutural da esfera pública*. Rio de Janeiro: Tempo Brasileiro, 1982.
——. Jürgen (1976) *Zur Rekonstruktion des Historischen Materialismus*. Frankfurt am Main: Suhrkamp.
——. Jürgen (1981) *Theorie des kommunikativen Handelns*. Frankfurt am Main: Suhrkamp, 1988.
——. Jürgen (1985) *Der philosophische Diskur der Moderne*. Frankfurt am Main: Suhrkamp.
——. Jürgen (1988) "Handlungen, Sprechakte, sprachlich vermittelte Interaktion und Lebenswelt", in *Nachmetaphysisches Denken*. Frankfurt am Main: Suhrkamp.
——. Jürgen (1992) *Fakzität und Geltung*. Frankfurt am Main: Suhrkamp.
HARDT, Michael e NEGRI, Antonio (2000) *Império*. Rio de Janeiro: Record, 2001.
HEGEL, Georg Wilhelm Friedrich (1955) *Die Vernunft in der Geschichte*. Hamburgo: Meiner.
HIRST, Paul e THOMPSON, Grahame (1996) *Globalização em questão*. Petrópolis: Vozes, 1998.
HOLANDA, Sérgio Buarque de (1936) *Raízes do Brasil*. Rio de Janeiro: José Olympio, 1983.
HUNTINGTON, Samuel (1996) *The Clash of Civilizations and the Remaking of World Order*. Nova York: Simon and Schuster.
HONNETH, Axel (2001) *Leiden an Unbestimmtheit*. Sttutgart: Philipp Reclam.
IZZO, Alberto (1983) "Identitá e azione colletiva", in L. Balbo *et al.*, *Complessitá sociale e identitá*. Milão: Franco Angeline.

JASPERS, Karl (1932) "Método e visão de mundo em Weber" (1932), in Gabriel Cohn (org.), *Sociologia: para ler os clássicos*. Rio de Janeiro: LTC.

JOAS, Hans (1986) "The Unhappy Marriage of Hermeneutics and Positivism", in Hans Joas e Axel Honneth (orgs.), *Essays on Jürgen Habermas' Theory of Communicative Ethics*. Cambridge: Polity, 1991.

———. Hans (1987) "Pragmatism in American Sociology", in *Pragmatism and Social Theory*. Chicago: The University of Chicago Press, 1993.

———. Hans (1990) "The Democratization of Differentiation: on the Creativity of Collective Action", in Jeffrey C. Alexander e Piotr Stompka (orgs.) *Rethinking Progress*. Boston: Unwin.

———. Hans (1992) *Die Kreativität des Handelns*. Frankfurt am Main: Suhrkamp.

———. Hans (1997) *Die Entstehung der Werte*. Frankfurt am Main: Suhrkamp.

KALBERG, Stephen (1994) *Max Weber's Comparative Historical Sociology*, Cambridge, Polity.

KERTENETZKY, Célia Lessa (2000) "Desigualdade e pobreza: lições de Sen", *Revista Brasileira de Ciências Sociais*, n.º 42.

KIESSLING, Bernd (1988) *Kritik der Giddensschen Sozialtheorie*. Frankfurt am Main: Peter Lang.

KMYLICKA, Will (1995) *Multicultural Citizenship*. Oxford: Clarendon.

KNÖBL, Wolfgang (2001) *Spielräume der Modernisierung. Das Ende der Eindeutigkeit*. Weilerwist: Velbrück.

KONDER, Leandro (1983) *Itararé*. São Paulo: Brasiliense.

LACLAU, Ernesto (1979) "Para uma teoria do populismo", in *Política e ideologia na teoria marxista*. Rio de Janeiro: Paz e Terra.

LACLAU, Ernesto e MOUFFE, Chantall (1989) *Hegemony and Socialist Strategy*. Londres: Verso.

LASH, Scott e URRY, John (1994) *Economies of Sign and Space*. Londres: Sage.

LELEDAKIS, Kanakis (1995) *Society and Psyche: Social Theory and the Unconscious Dimension of Social Life*. Oxford: Berg.

LEME, Maria Sans (1978) *A ideologia dos industriais brasileiros*. Petrópolis: Vozes.

LÉVI-STRAUSS, Claude (1952) *Race et histoire*. Paris: Unesco.
——. Claude (1962) *La Pensée sauvage*. Paris: Plon, 1983.
——. Claude (org.) (1983) *L'Identité*. Paris: Presses Universitaires de France.
LIMA, Evelyn F. Werneck (1990) *Avenida Presidente Vargas: uma drástica cirurgia*. Rio de Janeiro: Secretaria Municipal de Cultura, Turismo e Esportes.
LIMA, Nísia Trindade (1999) *Um sertão chamado Brasil*. Rio de Janeiro: Revan.
LOBO, Eulália Meyer L. (1978) *História do Rio de Janeiro. Do capital comercial ao capital industrial e financeiro*. Rio de Janeiro: IBMEC.
LOPES, José Sérgio Leite e FAGUER, Jean Pierre (1994) "L'Invention du style brésilien", *Actes de la Recherche en Science Sociales*, 103.
LOUREIRO, Maria Rita (1998) "L'Internationalisation des milieux dirigeants au Brésil", *Actes de la Recherche en Sciences Sociales*, 121-122.
LUHMANN, Niklas (1984) *Soziale Systeme*. Frankfurt am Main: Suhrkamp, 1987.
——. Niklas (1990a) "Identität — Was oder Wie?", in *Soziologische Aufklärung 5*. Opladen: Westdeutcher Verlag.
LUHMANN, Niklas (1990b) "The Paradox of System Differentiation and the Evolution of Society", in Jeffrey C. Alexander e Paul Colomy (orgs.) *Differentiation Theory and Social Change*. Nova York: Columbia University.
——. Niklas (1992) "The Autopoiesis of Social Systems", in F. Geyer e J. van der Zouwen (orgs.) *Sociocybernetic Paradoxes: Observation, Control and Evolution of Self-Steering Systems*. Beverly Hills: Sage.
——. Niklas (1997) *Die Gesellschaft der Gesellschaft*. Frankfurt am Main: Suhrkamp.
LUKÁCS, Gyorg (1923) *Geschichte und Klassenbewusstsein*, in *Werke*, vol. 2. Neuwied e Berlim: Hermann Luchterhand, 1977.
——. Gyorg (1969) *Über die Besonderheit als Kategorie der Ästhetik*, in *Werke*, vol. 10. Neuwied e Berlim: Hermann Luchterhand.
LUPORINI, Cesare e SERENI, Emilio (orgs.) (1973) *El concepto de 'formación economico-social'. Cuadernos de Pasado y Presente*, n.º 39. Córdoba: Siglo XXI.

LYOTARD, Jean-François (1979) *La Condititón postmoderne*. Paris: Minuit.
MAFFESOLI, Michel (1988) *Les Temps des tribus*. Paris: Méridiens Klinksieck.
MANN, Michael (1986) *The Sources of Social Power*, vol. 1. Cambridge University Press.
MANN, Michael (1993) *The Sources of Social Power*, vol. 2. The Rise of Classes and Nation-States, 1760-1914. Cambridge University Press.
MARCUSE, Herbert (1955) *Eros and Civilization*. Boston: Beacon, 1966.
MÁRKUS, Gyorgy (1994) "A Society of Culture: the Constitution of Modernity", in Gillian Robinson e John Rundell (orgs.) *Rethinking Imagination*. Londres: Routledge.
———. Gyorg (1999) "On Freedom: Positive and Negative", *Constellations*, vol. 6.
MARSHALL, T. H. (1950) "Citizenship and Social Class", in *Sociology at the Crossroads and Other Essays*. Londres: Heinemann, 1963.
MARTINS, José de Souza (1996) "Ciência e política: uma só vocação", *Revista Brasileira de Ciências Sociais*, n.º 30.
MARX, Karl (1844) *Zur Juden Frage*, in Marx & Engels, *Werke*, vol. 1. Berlim: Dietz, 1956.
———. Karl (1845) "Thesen über Feuerbach", in Marx & Engels, *Werke*, vol. 3. Berlim: Dietz, 1958.
———. Karl (1858) "Introdução" (aos *Grundrisse*), in *Marx. Os Pensadores*. São Paulo: Abril Cultural, 1974.
———. Karl (1867) *Das Kapital*, vol. I, *Mega* II-5. Berlim: Dietz, 1987.
———. Karl (1875) *Kritik des Gothaer Programms*, in Marx & Engels, *Werke*, vol. 19. Berlim: Dietz, 1962.
———. Karl (1894) *O capital*, L. III, vol. 6. Rio de Janeiro: Civilização Brasileira, 1980.
———. Karl e ENGELS, Friedrich (1845) *Die Deutsche Ideologie*, in Marx & Engels, *Werke*, vol. 3. Berlim: Dietz, 1958.
MAUSS, Marcel (1929) "La Civilization. Éléments et formes", in Marcel Mauss, *Ouevres*, vol. 2. Paris: Minuit, 1974.

MAUSS, Marcel e DURKHEIM, Emile (1913) "Note sur le concept de civilization", in Marcel Mauss, *Ouevres*, vol. 2. Paris: Minuit, 1974.

MBEMBE, Achille (2002) "As formas africanas de auto-inscrição", *Estudos Afro-Asiáticos*, ano 23, n.º 1.

MCLYN, F. J. (1982) "The Political Thought of Juan Domingo Perón", *Boletín de Studios Latinoamericanos e del Caribe*, n.º 32.

MEAD, George H. (1927-30) *Mind, Self & Society*. Chicago: The University of Chicago Press, 1962.

MELUCCI, Alberto (1989) *Nomads of the Present: Social Movements and Social Needs in Contemporary Society*. Filadélfia: Temple University Press.

——. Alberto (1996a) *Challenging Codes*. Cambridge: Cambridge University Press.

——. Alberto (1996b) *The Playing Self*. Cambridge: Cambridge University Press.

MILLER, Max (1986) *Kollektive Lernprozesse*. Frankfurt am Main: Suhrkamp.

MOMMSEN, Wolfgang (1981) "The Antinomical Structure of Max Weber's Political Thought", in *The Political and Social Thought of Max Weber*. Chicago University Press, 1989.

MORAES, J. Jorge Ventura de (1995) "Produção do saber e mudança social no Brasil: o caso dos assessores sindicais", in Marcos Aurélio G. de Oliveira (org.), *Política e contemporaneidade no Brasil*. Recife: Bagaço.

MORSE, Richard (1954) "Toward a Theory of Spanish American Government", *Journal of the History of Ideas*, vol. 15.

——. Richard (1964) "The Heritage of Latin America", in Louis Hartz (org.), *The Founding of New Societies*. Nova York: Harcourt, Brace & World.

——. Richard (1982) *El espejo de Próspero*. México: Siglo XXI.

——. Richard (1990) *A volta de Machulanaíma*. São Paulo: Companhia das Letras.

MOUZELIS, Nicos (1987) *Politics in the Semi-Periphery*. Londres: Macmillan.

NEEDELL, Jeffrey (1987) *A Tropical Belle-Epóque*. Cambridge University Press.

NELSON, Benjamin (1969) "Conscience and the Making of Early Modern Cultures. The Protestant Ethic beyond Max Weber", *Social Research*, vol. 36.

——. Benjamin (1974) "Max Weber's 'Author's Introduction': A Master Clue to his Main Aims", *Sociological Inquiry*, vol. 44.

——. Benjamin (1977) *Der Ursprung der Moderne. Vergleichende Studien zum Zivilizationsprozess*. Frankfurt am Main: Suhrkamp.

NELSON, Joan M. (1992) "Poverty, Equity, and the Politics of Adjustment", in Stephan Haggard e Robert R. Kaufman (orgs.), *The Politics of Economic Adjustment*. Princeton: Princeton University Press.

ORTIZ, Renato (1985) *Cultura brasileira e identidade nacional*. São Paulo: Brasiliense.

——. Renato (1988) *A moderna tradição brasileira*. São Paulo: Brasiliense.

PARSONS, Talcott (1937) *The Structure of Social Action*. Nova York: Free Press, 1949.

——. Talcott (1951) *The Social System*. Londres: Routledge & Kegan Paul, 1979.

——. Talcott (1963) "On the Concept of Political Power", in *Sociological Theory and Modern Society*. Nova York: Free Press, 1967.

——. Talcott (1964) "Some Reflections on the Place of Force in Social Process", in *Sociological Theory and Modern Society*. Nova York: Free Press.

——. Talcott (1966) *Societies: Evolutionary and Comparative Perspectives*. Englewood Cliffs, NJ: Prentice-Hall.

PATEMAN, Carole (1988) *The Sexual Contract*. Stanford: Stanford University Press.

PAZ, Octavio (1950) *O labirinto da solidão*. Rio de Janeiro: Paz e Terra, 1976.

PÉCAULT, Daniel (1985) "Sur la Théorie de la dependence", *Cahiers de Amérique Latines*, n.º 4.

PIERUCCI, Flávio (1999) *Ciladas da diferença*. São Paulo: Editora 34.

PIORE, Michel J. e SABEL, Charles F. (1984) *The Second Industrial Divide*. Nova York: Basic Books.

POLANYI, Karl (1944) *The Great Transformation*. Boston: Beacon, 1957.
PRADO JR., Caio (1934) *Evolução política do Brasil*. São Paulo: Brasiliense, 1980.
QIZILBASH, Mozaffar (1996) "Capabilities, Well-Being and Human Development: a Survey", *The Journal of Development Studies*, vol. 33.
RAMA, Angel Rama (1984) *A cidade das letras*. São Paulo: Brasiliense, 1985.
RAMOS, Guerreiro (1965) *A redução sociológica*. Rio de Janeiro: Tempo Brasileiro, 1965 (2.ª edição revista e aumentada).
RAWLS, John (1972) *A Theory of Justice*. Oxford: Oxford University Press, 1990.
RAYNAUD, Philippe (1987) *Max Weber et les dilemmes de la raison moderne*. Paris: Presses Universitaires de France.
REIS, Elisa Maria Pereira (1989) "Política e políticas públicas na transição democrática", *Revista Brasileira de Ciências Sociais*, n.º 9.
——. Elisa Maria Pereira (1982) "Elites agrárias, *State-Building* e autoritarismo", *Dados*, vol. 25.
RETAMAR, Roberto Fernandez (1971) *Calibán*. São Paulo: Busca Vida, 1988.
RETAMAR, Roberto Fernandez (1979) "Intercomunicação e nova literatura", in Cesar Fernandez Moreno (org.), *América Latina em sua literatura*. São Paulo: Perspectiva.
ROBERTSON, Roland (1992) *Globalization. Social Theory and Global Culture*. Londres: Sage.
——. Roland, LASH, Scott e FEATHERSTONE, Mike (orgs.) (1995) *Global Modernities*. Londres: Sage, 1995.
——. Roland e TURNER, Bryan S. (1991) *Talcott Parsons, Theorist of Modernity*. Londres: Sage.
RODÓ, José Henrique (1900) *Ariel*, in J. H. Rodó e Roberto Fernandez Retamar, *Ariel/Calibán*. México: SEP/UNAM, 1982.
ROIG, Arturo Andrés Roig (1986) "Interrogaciones sobre el pensamiento filosófico", in Leopoldo Zéa (org.), *América Latina en sus ideas*. México: Siglo XXI e UNESCO.

ROMERO, José Luís (1976) *Latinoamérica: la ciudad y las ideas*. México: Siglo XXI.
RORTY, Richard (1980) *Philosophy and the Mirror of Nature*. Oxford: Basil Blackwell.
——. Richard (1989) *Contingency, Irony, Solidarity*. Cambridge: Cambridge University Press.
SANTA-ROSA, Virgíneo (1933) *O sentido do tenentismo*. São Paulo: Alfa-Ômega, 1976.
SANTOS, Boaventura de Sousa (1995) *Toward a New Common Sense*. Londres e Nova York: Routledge.
——. Boaventura de Sousa (org.) (2002a) *Democratizar a democracia. Os caminhos da democracia participativa*. Rio de Janeiro. Civilização Brasileira.
——. Boaventura de Sousa (org.) (2002b) *Produzir para viver. Os caminhos da produção capitalista*. Rio de Janeiro. Civilização Brasileira.
SANTOS, Wanderley G. (1979) *Cidadania e justiça*. Rio de Janeiro: Campus.
SARMIENTO, Domingo Faustino (1845) *Civilización y barbárie. Vida de Juan Facundo Quiroga. Aspecto físico, costumbers y hábitos de la República Argentina*. Buenos Aires: Sun, 1962.
SASSEN, Saskia (1996) *Losing Control? Sovereignty in an Age of Globalization*. Nova York: Columbia University Press.
SCHLUCHTER, Wolfgang (1979) *The Rise of Western Rationalism*. Berkeley e Los Angeles: University of California Press, 1981.
——. Wolfgang (1988) *Religions und Lebensführung*, vol. 2. Frankfurt am Main: Suhrkamp.
——. Wolfgang (1996) "A paixão como modo de vida. Max Weber, o círculo de Otto Gross e o erotismo", *Revista Brasileira de Ciências Sociais*, n.º 32, 1996.
SEIDMAN, Steve (1992) "Postmodern Social Theory as Narrative with a Moral Intent", in Steven Seidman e David G. Wagner (orgs.) *Postmodernism and Social Theory*. Oxford: Blackwell.

SEN, Amartya (1980) "Equality of What?", in *Choice, Welfare and Measurement*. Oxford: Basil Blackwell, 1982.

———. Amartya (1983) "Development: Which Way Now?", in *Resources, Values and Development*. Oxford: Basil Blackwell, 1984.

———. Amartya (1985a) "Well-Being, Agency and Freedom: The Dewey Lectures 1984", *Journal of Philosophy*, vol. 82.

———. Amartya (1985b) *Commodities and Capabilities*. Amsterdã, Nova York e Oxford: North-Holland, 1985.

———. Amartya (1992) *Inequality Reexamined*. Nova York: Russel Sage Foundation e Cambridge, MA: Harvard University Press.

———. Amartya (1999) *Development as Freedom*. Nova York: Anchor Books.

———. Amartya (2000) "Culture and Development", World Bank Tokyo Meeting 13/12/2000 (www.worldbank.org).

———. Amartya (2001) "Global Justice: Beyond International Equity", *Polylog/Themes/Focus* (www.polylog.org).

———. Amartya (2002) "How to Judge Globalism", *The American Prospect*, vol. 1 (www.prospect.org).

SEVCENKO, Nicolau (1983) *A literatura como missão*. São Paulo: Brasiliense.

SILVA, Hélio (1969) *1935 — A revolta vermelha*. Rio de Janeiro: Civilização Brasileira.

SIMMEL, Georg (1900) *Philosophie des Geldes*. Frankfurt am Main: Suhrkamp, 1989.

SKLAIR, Leslie (1991) *Sociology of the Global System*. Londres: Harvester Wheatsheaf.

———. Leslie (org.) (1993) *Capitalism & Development*. Londres: Routledge.

SMITH, Dennis (1991) *The Rise of Historical Sociology*. Cambridge: Polity.

SODRÉ, Nélson Werneck (1966) *História da imprensa no Brasil*. Rio de Janeiro: Civilização Brasileira.

SOUZA, Jessé (1997a) *Patologias da modernidade. Um diálogo entre Habermas e Weber*. São Paulo: Anna Blume.

———. Jessé (1997b) "Multiculturalismo, racismo e democracia. Por que comparar Brasil e Estados Unidos", in Jessé Souza (org.), *Multi-

culturalismo e racismo. Uma comparação Brasil — Estados Unidos. Brasília: Paralelo 15.

——. Jessé (2000) *A modernização seletiva. Uma reinterpretação do dilema brasileiro.* Brasília: Editora UnB.

SZTOMPKA, Piotr (1993) *The Sociology of Social Change.* Cambridge, MA: Blackwell, 1994.

STRYDOM, Piet (1992) "The Ontogenetic Fallacy: the Immanent Critique of Habermas' Developmental Theory of Evolution", *Theory, Culture and Society*, vol. 9.

——. Piet (1999a) "Triple Contingency. The Theoretical Problem of the Public in Communication Societies", *Philosophy and Social Criticism*, vol. 25.

——. Piet (1999b) "Hermeneutic Culturalism and its Double. A Key Problem in the Reflexive Modernization Debate", *European Journal of Social Theory*, vol. 2.

——. Piet (1999c) "The Challenge of Responsibility for Sociology", *Current Sociology*, vol. 47.

——. Piet (1999d) "The Contemporary Habermas", *European Journal of Social Theory*, vol. 2.

SUNKEL, Osvaldo e PAZ, Pedro (1974) *Os conceitos de desenvolvimento e subdesenvolvimento.* Rio de Janeiro: Forum and Hachette.

TAYLOR, Charles (1992) "The Politics of Recognition", in Amy Gutman (org.), *Multiculturalism.* Princeton: Princeton University Press, 1994.

THOBURN, Nicholas (2001) "Autonomous Production? On Negri's 'New Synthesis'", *Theory, Culture & Society*, vol. 18.

THOMPSON, John B. (1995) *The Media and Modernity.* Cambridge: Polity.

TOLEDO, Caio Navarro de (1977) *ISEB. Fábrica de ideologias.* São Paulo: Ática.

TOURAINE, Alain (1984) *Le Retour de l'acteur.* Paris: Fayard.

TURNER, Bryan S. (1993) "Contemporary Problems in the Theory of Citizenship", in Bryan S. Turner (org.), *Citizenship and Social Theory.* Londres: Sage.

UNGER, Roberto Mangabeira Unger (1977) *Law in Modern Society*. Nova York: Free Press.

VANDENBERGHE, Frédéric (1998) *Une Histoire critique de la sociologie allemande*. Paris: La Découverte/M.A.U.S.S.

——. Frédéric (1999) "The Real is Relational: An Epistemological Analysis of Pierre Bourdieu's Generative Structuralism", *Sociological Theory*, vol. 17.

VELOSO, Mônica P. (1990) "As tias baianas tomam conta do pedaço... Espaço e identidade cultural no Rio de Janeiro", *Estudos Históricos*, vol. 3.

VIEIRA PINTO, Álvaro (1960) *Consciência e realidade nacional*. Rio de Janeiro: MEC/ISEB.

VITA, Álvaro de (1999) "Justiça distributiva: a crítica de Sen a Rawls", *Dados*, vol. 42.

WAGNER, Peter (1994) *A Sociology of Modernity. Liberty and Discipline*. Londres: Routledge.

——. Peter (1995) "Sociology and Contingency: Historicizing Epistemology", *Social Science Information*, vol. 34.

——. Peter (1996) "Certainty and Order, Liberty and Contingency. The Birth of Social Science as Empirical Political Philosophy", in Johan Heilbrow *et al.* (orgs.) *The Rise of the Social Sciences* (*Sociology of the Sciences Yearbook*, vol. 20). Dordrecht: Kluwer.

WALLERSTEIN, Immanuel (1984) *The Politics of World-Economy*. Cambridge: Cambridge University Press.

WEBER, Max (1904a) "A objetividade do conhecimento nas ciências e na política sociais", in *Sobre a teoria das ciências sociais*. Lisboa: Presença, 1979.

——. Max (1904b) "Introdução", in *A ética protestante e o espírito do capitalismo*. São Paulo: Martins Fontes, 1985.

——. Max (1904-5) *A ética protestante e o espírito do capitalismo*. São Paulo: Martins Fontes, 1985.

——. Max (1906a) "As seitas protestantes e o espírito do capitalismo", in *Max Weber. Ensaios de sociologia* (C. Wright Mills e H. Gerth, orgs.). Rio de Janeiro: Zahar, 1982.

―――. Max (1906b) "Objektive Möglichkeit und adäquate Verursachung in der historischen Kausalbetrachtung", in *Schriften zur Wissenschaftlehre*. Stuttgart: Philipp Reclam, 1991.

―――. Max (1915a) "A psicologia social das religiões mundiais", in *Max Weber. Ensaios de sociologia* (C. Wright Mills e H. Gerth, orgs.). Rio de Janeiro: Zahar, 1982.

―――. Max (1915b) "Rejeições religiosas do mundo e suas direções" (1915), in *Max Weber. Ensaios de sociologia* (C. Wright Mills e H. Gerth, orgs.). Rio de Janeiro: Zahar, 1982.

―――. Max (1917) "O sentido da 'neutralidade axiológica' nas ciências sociológicas e econômicas", in *Sobre a teoria das ciências sociais*. Lisboa: Presença, 1979.

―――. Max (1918) "Parliament and Government in a Reconstructed Germany (A Contribution to the Political Critique of Officialdom and Party Politics)" (1918), in *Economy and Society*, vol. 3. Nova York: Bedminster, 1968.

―――. Max (1919a) "A política como vocação", in *Max Weber. Ensaios de sociologia* (C. Wright Mills e H. Gerth, orgs.). Rio de Janeiro: Zahar, 1982.

―――. Max (1919b) "A ciência como vocação", in *Max Weber. Ensaios de sociologia* (C. Wright Mills e H. Gerth, orgs). Rio de Janeiro: Zahar, 1982.

―――. Max (1921) "Die nichtlegitime Herrschaft (Typologie der Städte)", in *Wirtschaft und Gesellschaft*. Tübingen: J. C. B. Mohr (Paul Siebeck), 1976.

―――. Max (1921-22) *Wirtschaft und Gesellschaft*. Tübingen: J. C. B. Mohr (Paul Siebeck), 1976.

WERNECK VIANNA, Luiz (1978) *Liberalismo e sindicato no Brasil*. São Paulo: Paz e Terra.

―――. Luiz (1997) *A revolução passiva*. Rio de Janeiro: Revan.

WISNIK, José Miguel (1983) "Getúlio da Paixão Cearense (Villa-Lobos e o Estado Novo)", in J. M. Wisnik e Ênio Squeff, *O nacional e o popular na cultura brasileira. Música*. São Paulo: Brasiliense.

WRIGHT MILLS, C. e GERTH, H. (1946) "Introdução: o homem e sua obra", in *Max Weber. Ensaios de sociologia* (C. Wright Mills e H. Gerth, orgs.). Rio de Janeiro: Zahar, 1982.

ZÉA, Leopoldo (1976) *El pensamiento latinoamericano*. México: Ariel.

——. Leopoldo (1978) *La filosofía americana como filosofía sin más*. México: Siglo XXI.

O texto deste livro foi composto em Sabon, desenho tipográfico de Jan Tschichold de 1964, baseado nos estudos de Claude Garamond e Jacques Sabon no século XVI, em corpo 10/13 5. Para títulos e destaques, foi utilizada a tipografia Frutiger, desenhada por Adrian Frutiger, em 1975.

A impressão se deu sobre papel Chamois fine 80g/m² pelo Sistema Cameron da Divisão Gráfica da Distribuidora Record.